이 와 나 미 0 1 5

배움이란 무엇인가

―「탐구인」이 되기 위해서―

이마이 무쓰미 지음 | 김수희 옮김

　우리들은 모두 '배움'이란 것을 매우 소중히 여긴다. 하지만 '배움'을 무엇이라고 생각하느냐는 물음 앞에 한 사람 한 사람 제각기 다른 생각을 가지고 있다. 우선 대부분의 사람들이 마음속으로 떠올려보는 것은 학교에서의 배움이지 않을까.

　학교에서 우리들은 여러 가지를 배운다. 그때 '배운다'를 '누군가가 가르쳐준 것을 기억한다'라고 파악하는 사람도 많을 것이다.

　이 책에서는 인지과학적 시점에서 배움에 대해 생각해본다. 인지과학이란 사람의 마음이 어떻게 움직이며 그 배후에 있는 구조는 어떠한지를 이해하는 데 그 목적이 있는 학문이다. 사람들은 어떤 방식으로 자신의 경험이나 누군가에게 들은 것들, 배운 것들을 이해하고 기억할까. 기억은 어떤 형태로 마음속에 축적되고 어떤 과정을 거쳐 다시금 떠올려질까. 그리고 무엇보다 사람들은 어떻게 사고하며 문제들을 해결하고 학습하는 것일까.

　인지과학에서 '학습'이란 용어는 일반적으로 사용되는 범위보다 훨씬 폭넓은 의미로 사용된다. 운동 학습, 언어 학습, 숫자를 세는 방법에 대한 아이들의 학습, 수학 학습, 물리 학습, 체스·장기·바둑 등의 학습, 청소 방식에 대한 학습, 기계 사용 방식에 대한 학습, 악기 연주 학습, 스포츠 학습……. 인지과학은 모든 분야에 걸친 모든 종류의 학습을 연구 대상으로 삼는다.

사람들은 누구나 '스스로 배우는 힘'을 가지고 있다. 그 점을 여실히 보여주는 것이 바로 어린이들의 모국어 학습이다. 아이들이 모국어를 학습할 때, 문법이나 어휘를 부모나 선생님에게 직접 배우는 경우는 거의 없다. 애당초 말을 모르는 아이들에게 언어를 직접 가르치는 것은 불가능한 법이다. 아이들은 귀를 통해 포착된 모든 단어들의 의미를 하나하나 자신의 힘으로 추측하고, 단어들이 이어져 문장을 구성하는 규칙(요컨대 문법)을 스스로 발견해낸다. 모국어를 학습할 때 아이들이 발휘하는 능력은 그야말로 "스스로 문제를 발견하고, 생각하고, 해결책을 모색한다"는 '학습력' 그 자체다. '주체적 배움'이 교육 현장에서 키워드가 되어가고 있는 현실을 생각할 때, 모국어 학습의 구조를 아이들이 스스로 이해한다는 것은, '스스로 배우는 힘'이 어떤 것인가를 생각하는 데 중대한 힌트를 제공할 것이다.

아이들은 모국어를 학습할 때 경이로울 정도로 대단한 학습력을 발휘한다. 그러나 모든 것들을 그처럼 고생하지 않고 배우는 것은 아니다. 외국어 학습이나 수학 학습에 좌절하는 아이들이(어른들도) 적지 않다. 아이들은(혹은 어른들은) 어떠한 순간에, 왜 좌절하는 것일까. 그것을 아는 것도 '배움'에 대해 생각할 때 매우 중요한 일이다.

어떤 것을 오랜 시간 계속해가면 그에 대해 익숙해지고 숙달된다. 숙달되면 학습을 시작했을 때에 비해 행동이 크게 변화한다. 일반적으로 '숙달된 사람'이란 스포츠나 예술, 기능, 장기나 바둑, 외국어 등, 보통 사람들이 하지 않는(불가능한) 특별한 분야의 달인이라고 생각하는 경향이 있다. 그러나 숙달은 누구에게나 가능하다. 학습이란 숙달로 향하는 과정인 것이다.

숙달된 사람은 무언가를 할 때 재빠르게 적확한 판단을 내리거나 행동으로 옮길 수 있다. 처음에는 어설펐지만, 점차 굳이 의식적으로 주의를 기울이지 않아도 순조롭고 신속 정확하게 해낼 수 있게 된다. 그렇다면 그것은 이미 하나의 훌륭한 숙달이라고 평가할 수 있다. 그러나 숙달 과정은 그것으로 끝이 아니다. 어떤 것을 신속하고 정확하고 수월하게 할 수 있게 되는 레벨의 숙달을 뛰어넘어, 타인이 결코 흉내 낼 수 없는 달인 레벨의 숙달이 존재한다. 심지어 달인의 영역에 도달했다고 누구나 인정해주는 사람이라도, 배움에는 역시 끝이 없다. 달인이 되어도, 혹은 달인이기 때문에 더더욱, 계속해서 배워간다. 그런 과정에서 누구도 흉내 낼 수 없는 독자적인 스타일을 창출해낸다.

그렇다면 뭔가에 숙달될 때 학습자의 마음속에서는 도대체 무슨 일이 벌어지고 있고 뇌는 어떻게 변해갈까. 옛날에는 병을 치료할 때, 이러저러한 증상의 경우에는 이러저러한 약을 먹으면 회복된다는 경험을 중시했다. 그러나 병의 원인이 명확해지고, 병에 걸리는 구조를 제대로 이해할 수 있다면 보다 직접적이고 이치에 맞는 치료법을 생각해낼 수 있다. 아울러 병의 예방 또한 가능해질지도 모른다. 배움 역시 마찬가지다. 배움의 구조를 이해한다면 '보다 좋은' 교육이 무엇인지 생각해낼 수 있을 것이다.

배움의 구조를 이해하기 위해서는 "지식이란 무엇인가"라는 문제를 피해갈 수 없다. 배워도 사용할 수 없는 지식이 있고, 반면에 배움으로써 새로운 것들을 잉태시킬 수 있는 지식도 있다. 이 양자의 차이는 어디에서 오는 것일까. 배운 즉시 사용 가능한 '살아 있는 지식'이란 어떤 성질을 가졌으며 뇌에 어떠한 형태로 존재하고 있는 것일까. 어떻게 해야 '살아 있는 지식'을 몸에 익힐 수 있을까. 이 책에서는 기존의 일반적인 지식관('도네르 케밥 모델' 제6장 참조)을 대신하여, 과학적 증거에 바탕을 둔 새로운 지식관을 정립하며 배움이란 무엇인지에 대해 생각해보고자 한다.

최근 여기저기서 '문제 해결 능력', '살아가는 힘', '비판적 사고', '주체적 배움(액티브 러닝)'이라는 단어들을 자주 접한다. 그러나 이런 것들이 구체적으로 무엇을 의미하고 어떤 교육을 해야 그런 힘을 익힐 수 있을지, 깊숙이 파고들면 도저히 합의에 이르지 못한다. 이 책은 이런 문제들에 대해서도 생각해볼 것이다.

이 책은 "최소한의 노력으로 시험 성적을 엄청나게 올리기 위한 비결은?" 등과 같은 부류의 물음에 답변하는 책이 아니다. '좋은 배움'이란 배우는 사람의 목적에 따라 다른 법이다. 외국어 학습 하나만 해도 그렇다. 해외여행에서 쇼핑할 때나 단순히 길을 물을 때처럼 한정된 장면에서 말을 하고 싶다는 목적을 위한 배움과, 직업적으로 세계 사람들과 당당히 마주하기 위해 어학 실력을 갖추고 싶다는 목적의 배움의 경우, '좋은 배움'의 방식은 당연히 달라질 것이다.

"이렇게 하면 머리가 좋아질 것이다", "이렇게 하면 간단하고 능률적으로 외울 수 있다" 등등을 주장하는 책을 발견하기도 한다. 그러나 이 책은 그런 목적을 위해 쓴 것이 아니다. "일주일 후에 닥칠 시험에서 당장 좋은 성적을 얻기 위해서!"

라는 단기적 목적에 효과적인 학습 방법도, 긴 안목에서 보면 스스로 사고하고 학습할 힘을 키우지 못하게 한다는 점에서 오히려 마이너스가 되는 경우가 종종 있다.

'좋은 배움'을 실현하기 위해서는 우선 스스로가 무엇을 위해 배우고자 하는지에 대해 깊이 고민해볼 필요가 있다. 그리고 그러한 목적을 달성하기 위해 가장 좋은 방법이 무엇인가를 생각하고 그 방법을 계속 실천해가는 '배움의 탐구인'이 되길 바란다. 이 책은 그럴 때 도움이 될 재료로서 사람들의 기억이나 사고의 방식, 마음과 뇌 안에서의 지식의 모습, 새로운 지식의 습득 방식 등에 대해 인지과학을 통해 밝혀진 것들을 전하며 '좋은 배움'에 대해 생각할 수 있는 힌트를 제공하고자 한다. 재료와 힌트를 사용해서 어떻게 요리할지, 그것은 독자 한 사람 한 사람의 목표에 따라 마땅히 달라져야 할 것이다.

누구나 할 수 있는 탐구

하부 요시하루羽生善治

(일본 최고의 일본식 장기 기사. 직관 예찬론자로 저명−역자 주)

평생학습이란 단어를 접할 기회가 늘었습니다. '초超'가 붙는 고령화 사회를 향해 가고 있는 일본에서 절실하고 현실적인 과제라고 생각합니다. 또한 어린이 교육에 관해서도 장기간에 걸쳐 무수히 논의되고 있습니다. 많든 적든 사람들이 매일 뭔가를 계속 배우고 있다는 말이 됩니다. 하지만 의외로 그 방법론에는 그다지 신경 쓰지 않는 경우가 많은 것 같습니다.

이마이 무쓰미 선생님께서 쓰신 이 책에서는, 실제와 연구에 바탕을 둔 지知에 관해 깊이 있는 고찰을 하고 있습니다.

저에 대해서도 소개해주셔서 부끄러울 따름입니다. 어떤 분야에서든 최고가 되기 위해서는 세련된 학습이 필수입니다. 또한 이 책에서는 그런 과정에서 자칫 빠져들기 쉬운 점에 대해서도 언급되어 있기 때문에 매우 실용적인 측면도 있습니다.

언어에 대해서도 깊이 생각하게 만듭니다. 왜 모국어 이외의 학습이 이토록 어려운지(매우 드물게 금방 습득하는 사람도 있습니다만), 그 원인을 알지 못했습니다. 하지만 이 책을 읽고 납득할 수 있었습니다.

그리고 그것은 오랜 세월에 걸쳐 장기를 해오며 느꼈던 것이기도 합니다. 다른 게임(체스, 바둑, 백개면backgammon(서양에서 가장 오래된 놀이 중 하나인 보드전략게임-역자 주), 샹치象棋(중국의 2인용 보드 게임. 중국식 장기라고도 함-역자 주))을 할 때 왜 장기에서 배양한 능력을 활용하기가 어려운지, 그 원인과도 관련 있는 게 아닐까 하는 생각이 들었습니다.

때문에 더더욱 사고나 취향, 발상의 사각지대를 없애려는 노력이나 고정화하지 않는 유연성이 중요하다고 생각합니다. 일반적으로 장기 기사는 기억력이 좋다고 자칫 오해를 받는 경향이 있습니다. 하지만 실제로는 그렇지도 않습니다. 잊어버리는 경우도 있고, 형태는 기억하면서도 순서를 떠올리지 못하는 케이스도 더러 있습니다.

특히 어려운 것이, 비슷하면서도 기실은 다른 국면입니다. 거의 똑같지만 졸卒의 위치가 다르거나, 두 개의 짝이 다르다는 것만으로도, 그 국면의 평가나 사고방식 혹은 순서가 변해버리는 경우가 있습니다. 언뜻 보기에 비슷하지만 실상은 서로 상이한 국면이 거듭되면 기억에도 혼란을 초래합니다. 그렇기 때문에 기억, 사고방식, 형태의 인식, 결정적인 한 수나 국면 등 여러 가지 접근 방식을 통해 생각하게 됩니다.

일본식 장기의 세계에서는 '몸으로 기억하는 장기'라는 표현이 있습니다. 이 책 안에서도 비슷한 내용이 있어서 숙달의 궁극적 경지는 결국 다 매한가지라는 생각도 들었습니다. 손자병법에 적을 알고 나를 알면 백전백승이라는 말이 있습니다. 궁극적인 학습이란 "자신을 객관적으로 잘 파악하는 것(메타인지 MetaCognition)"과 "상대방의 기분, 사고방식, 감정을 잘 파악하는 것(배려)"이라고 생각합니다.

양쪽 모두 말은 쉽습니다. 하지만 실제로 행하는 것은 지극히 어려운 기술입니다. 그래도 저나 주변 사람이나 쾌적하게 지내기 위해 매일같이 연마해갈 필요가 있는 스킬이라고 생각합니다. 그것은 무언가를 하면 이러저러한 효과가 있다는 식의 다이어트 방법과는 질적으로 다른 것이기 때문입니다.

그리고 사회 문제를 해결할 때도 (일시적인)대중요법에는 이미 한계가 있기 때문에, 근본적인 사람들의 인식, 행동에 모든 것이 달려 있다는 생각도 듭니다. 그것은 누구나 할 수 있는 탐구일 것입니다.

목차

1. 이 책은 국립국어원 외래어 표기법에 따라 일본어를 표기하였다.

2. 주요 인명은 본문 중 처음 등장할 시에 원어명을 병기하였다.
   *인명
    예) 하부 요시하루羽生善治, 가쓰시카 호쿠사이葛飾北斎

3. 어려운 용어는 독자의 이해를 돕기 위해 주석을 달았다. 역자 주 외에는 모두
   저자의 주석이다.
   *용어
    예) 순화馴化(생물이 환경 변화에 보이는 적응이나 순응—역자 주)

4. 서적 제목은 겹낫표(『』)로 표시하였으며, 그 외 인용, 강조, 생각 등은 따옴표를
   사용하였다.
   *서적 제목
    예) 『대국관大局観』, 『언어 발달의 수수께끼를 풀다ことばの発達の謎を解く』

제1장
기억과 지식

제1장 기억과 지식

‘배운다’는 것은 ‘기억한다’는 것과 깊은 관련성이 있다. 그런 점 때문에 학습을 ‘기억’과 연관시켜 이야기하는 사람이 많다. 한편 ‘지식’ 역시 ‘배움’에 있어서 중요하다. 따라서 학습의 목적이란 지식을 얻는 것이라는 이야기도 자주 듣는다. 하지만 기억과 지식이란 과연 무엇일까. 그리고 이 두 가지는 서로 어떻게 다를까. 이런 문제들에 대해 깊이 생각해본 적이 있는 사람은 그다지 많지 않을지도 모른다. 먼저 “기억이란 무엇일까” 하는 물음에 대해서부터 생각해보자.

chapter 1.

“기억력이 좋다”란 무슨 말일까?

“○○씨는 기억력이 좋다”라고 말할 때 독자 여러분은 어떤 사람을 가리킨다고 생각하는가? 실은 "기억력이 좋다"라는 말의 의미는 사람에 따라 다를 수 있다. 정리해보면 "기억력이 좋다"란 것에는 적어도 네 가지 유형이 있다.

① 순간기억형
② 기억력 세계선수권 챔피언형
③ 셜록 홈즈형
④ 장기 프로기사형

위의 유형을 순번대로 설명해보겠다.

순간기억형

인간들은 침팬지가 하지 않는 추상적인 사고를 통해 철학이나 수학, 예술, 과학 기술을 발전시켰고 그것을 언어로 후세에 전하며 문명을 진화시켜왔다. 때문에 인간이 침팬지보다 지능이 높고 당연히 기억력 역시 좋을 거라고 생각하는 사람이 많을 것이다. 그러나 놀랄 만한 일이 교토京都대학 영장류연구소의 연구 결과 밝혀졌다. 컴퓨터 화면에 1부터 9까지의 숫자가 무작위로 여기저기에 생성되었다가 순식간에 사라져 버린 후, 화면에는 숫자가 있었던 장소를 표시하는 박스만이 남겨진다. 아유무라는 이름의 아직 어린 침팬지는 단 한 번도 틀리지 않고 1, 2, 3, 4, 5, 6, 7, 8, 9 순서로 화면상의 박스를 터치할 수 있었다. 요컨대 아유무는 화면상의 아홉 가지 숫자가 어디에 있는지, 순식간에 기억하고 그 순서를 재현할 수 있었던 것이다.

마찬가지의 과정을 인간들이 해보았다. 보통 사람들은 숫자가 표시되는 시간을 2배로, 심지어 4배로 해도 전혀 불가능했다. 즉 여기서 말하는 "기억력이 좋다"란, 정보를 카메라로 기록하는 것처럼 순식간에 '뇌리에 새겨(즉 기억해서)', 계속 보유하였다가 재현하는 능력이 훌륭하다는 것이다.

기억력 세계선수권 챔피언형

기억력을 겨루는 세계대회가 있다. 이 대회에서는 수많은 단어 리스트를 보여준 뒤 그것을 떠올려보게 하거나, 한 시간 안에 가능한 한 긴 숫자의 나열을 기억하게 하거나, 한 시간 동안 트럼프 카드가 이어진 순서를 최대한 많이 기억하게 하거나, 한 쌍의 트럼프 나열을 가능한 한 짧은 시간에 기억하게 하거나, 아주 많은 낯선 이들의 얼굴 사진과 그 이름 리스트를 보여준 뒤 어떤 사람이 어떤 이름을 가졌는지를 기억하도록 하거나, 얼마나 정확하게 얼굴과 이름의 조합을 떠올릴 수 있는지, 등을 경합시킨다. 참고로 2015년 시점에서 세계기록의 경우, 한 시간 안에 외운 숫자는 2,660자리까지였으며 한 시간 동안 외운 트럼프 카드의 순서는 1,456장이라고 한다.

숫자 배열처럼 의미 없는 정보를 기억하기 위해, 사람들은 어떤 작전을 짤까. 그 정보를 몇 번이고 반복하는 것이 가장 일반적인 방식이겠지만 대부분의 사람들의 경우, 그저 반복해서 외워봐도 잘 되지 않는다. '암기'를 잘 하는 사람들은 순간적으로 의미 없는 정보에 의미를 부여해서 외우는 경우가 많다. 독자 여러분도 "좋은 나라 만들자 가마쿠라 막부(가마쿠라 막부가 설립된 1192년의 일본어 음과 '좋은 나라'를 뜻하는 일본어 음의 일부가 똑같은 것을 이용한 언어유희-역자 주)"라는 말을 입으로 읊조리며 가마쿠라 막부가 생긴 연도를 외웠던 경험이 있을 거라고 생각한다.

$$N \cdot \sqrt{d^2 \times \frac{85}{vx}} \cdot \sqrt[3]{\frac{276^2 \cdot 86x}{n^2 v \cdot \pi 264}} n^2 b = sv \frac{1624}{32^2} \cdot r^2 s$$

과거 러시아에 경이적인 기억력을 가진 사람이 있었다. 이 인물은 앞의 수식을 보자마자, 순식간에 아래와 같은 스토리를 만들어내서 이 수식을 기억할 수 있었고 계속 잊지 않았다고 한다.

노이만(N)은 집 밖으로 나가 막대기로 꼭 찍었다($\cdot$). 그는 루트 기호($\sqrt{}$) 비슷한 높은 나무를 응시했다. 그가 거기에 두 채의 집(d^2)을 지었을 때 이미 나무가 서 있었기 때문에 이젠 시들어 그 뿌리가 다 드러나도 놀랄 것은 없다고 생각했다. 그리고 다시 막대기로 꼭 찍었다. 그는 말한다. 집이 낡았으니 처분(장부에 ×를 표시한다)해야 한다. 그렇게 하면 자본을 많이 늘릴 수 있을 것이다. 이미 그는 85,000의 자본을 거기에 투자했다(85). 지붕이 그것을 구분지었고($-$), 아래에는 사람이 서 있으며 온도 상자($BOKC$)(vx)에서 놀고 있었다. 그는 우체국 가까이에서 서 있고, 마차가 집에 부딪히지 않도록 꺾어지는 모퉁이에 커다란 돌($\cdot$)이 놓여 있다. ……

알렉산드르 로바노비치 루리아Alexander R. Luria
『위대한 기억력 이야기 —어떤 기억술사의 정신 생활偉大な記憶力の物語 ―ある記憶術者の精神生活』

이상과 같은 러시아 기억술 달인은 특수한 예일지도 모른다. 그러나 새로운 것을 얼마만큼 단시간에 외울 수 있는지를 겨루는 시합에 출전한 사람들의 경우 적지 않은 사람들이 이런 종류의 작전에 능하다. 요컨대 외워야 할 단어나 숫자를 개별적으로 외우는 것이 아니라 공간적인 이미지로 변환시키거나 요소가 포함된 스토리를 만들거나 해서 그에 따라 생각해내는 것이다. 기억력이 훌륭한 사람이란 기억해야 할 정보를 나중에 다루기 쉬운 형태로 변환시키는 것에 능숙한 사람이라고 해도 좋을 것이다. 기억력 세계선수권에 출전하는 사람들은 이런 기억술의 달인이며, 기억술을 상승시키기 위해 항상 노력하는 사람들이라고 할 수 있다.

셜록 홈즈형

셜록 홈즈는 살인 현장에서 본 것이나 관계자들의 이야기를 매우 세세하게 기억한다. 피해자 손톱이 삐죽삐죽한 모양이었다거나, 끝이 날카로운 구두를 신고 있었다거나, 한쪽 가방 끈만 느슨해져 있었다거나, 피해자와는 접점이 없는 것처럼 생각되었던 아무개를, 또 다른 아무개가 채링크로스 역Charing Cross station에서 발견했다든가, 하는 것들이다. 그러한 사항들이 범인을 찾아내는 중요한 단서가 된다는 것을 나중에야 알 수 있다. 파트너인 왓슨은 똑같은 장소에서 똑같이 목격자나 사건 관계자들의 이야기를 들었지만, 그런 것들은 전혀 기억하지 못한다. 이런 기억력의 차이는 어디에서 오는 것일까.

느닷없는 제안이지만, 지금 당장 500엔 동전의 앞뒤 그림을 실물을 보지 않고 기억해서 그려보길 바란다. 성인이라면 어린 시절부터 항상 ―아마도 몇만 번이나― 500엔 동전을 '보아왔을' 터이다. 하지만 얼마만큼이나 정확하게 500엔 동전에 새겨진 그림을 기억할까.

나는 내가 가르치고 있는 수업에서 매년 수강생에게 500엔짜리 동전에 새겨진 그림을 실물을 보지 않고 기억만으로 그려보라고 하고 있다. 하지만 앞뒤 양쪽을 정확하게 그린 사람은 여태까지 한 사람도 없었다. 정확하게 그릴 수 없는 정도가 아니라 동전 앞뒤에 제각각 어떤 문양이 새겨져 있는지조차 모르는 사람들이 대다수였다.

보통 사람이라면 일상적으로 봐왔던 사물은 그냥 지나쳐버리기 때문에 기억하지 못하는 것들이 많다. 요컨대 셜록 홈즈는 보통 사람들이 전혀 신경 쓰지 않는 사실에 대해 알아차리고 기억하는 달인인 것이다.

달인은 매우 짧은 시간에 대량의 정보를 기억할 수 있다. 어떤 실험에서는 일본식 장기 초급자(아마추어 8급), 중급자(아마추어 3단), 상급자(프로 8단)를 대상으로 실제로 장기의 어떤 국면 하나를 제시하고 그 국면을 기억하는 데 걸린 시간을 재보았다. 실험에 사용된 국면은 여러 가지 전법의 국면에서 무작위로 선택했다. 각각의 국면이 컴퓨터 모니터 상에 표시되고 실험 협력자가 국면을 기억했다고 생각하면 'OK 버튼'을 클릭한다. 그러면 장기 말이 배치되어 있지 않은 장기판이 표시되어 국면을 재현한다. 컴퓨터에서 국면이 제시되고 나서 OK 버튼이 클릭될 때까지의 시간이 기록된다.

일본식 장기 초급자의 경우, 눈으로 본 국면을 재현할 때까지 걸리는 시간이 상급자보다 10배 이상 걸렸다. 중급자의 경우 초반 국면에서는 상당히 짧은 시간 안에 기억할 수 있었지만, 중반 이후(50수 이후)부터는 점차 느려지기 시작했다. 그에 반해 달인이라 할 수 있는 프로 기사는 초반부터 종반 국면까지 변함없이 매우 짧은 시간(10초 이내) 안에 국면을 기억해낼 수 있었다.

최상급 일본식 장기 프로의 이런 대단한 기억력은 기억력 세계선수권 챔피언과 마찬가지라고 생각될지도 모른다. 그러나 양자에는 중요한 차이가 있다. 기억력 세계선수권 챔피언은 애당초 기억하는 사람에게 그다지 의미 없는 정보를 기억해내는 기술이 탁월한 사람이다. 한편 장기 초급자와 프로의 차이는 기억하는 국면에 의미가 있는(실제 대국 장면에서 가지고 온) 경우로만 국한되었다. 장기판에 말들이 아무렇게나 늘어놓아져 있을 뿐, 전략상으로 말들의 배치가 무의미할 경우, 최상급 프로의 기억은 중급자, 초급자와 아무런 차이가 없었다.

▬ 기억의 저장고

그렇다면 기억의 달인들의 이런 네 가지 유형을 통해 다시금 기억력이란 무엇인가를 생각해보자. 실은 "잘 외울 수 있다"라고 할 때는 '기억으로 들어가는 프로세스'와 '기억에서 꺼내는 프로세스'라는 두 가지 상이한 과정이 유기적으로 얽혀 있다. 어떤 사항을 나중에 '떠올리기' 위해서는 들어온 해당 정보를 기억의 저장고에 넣어 보유하지 않으면 안 된다. 하지만 기억의 저장고에 들어 있는 정보를 필요할 때마다 항상 꺼낼 수 있으리라는 보장은 없다. 정보는 나중에 꺼낼 수 있을 때만 쓸모 있는 것이다.

침팬지 아유무의 예를 통해 기억력에는 정보를 순간적으로 받아들이고 보유하는 능력이 포함되어 있다는 사실을 알 수 있다. '순간 기억력'이라 불러도 좋을 것이다. 외계의 정보는 우선 '순간 기억 저장고'에 들어간다. 여기에는 각각 시각 정보 저장고와 청각 정보 저장고가 존재한다. 어느 쪽이든 순간 기억 저장고는 한순간밖에 정보를 보유할 수가 없으며 인간의 경우 통상적으로 1초 정도밖에는 버티지 못한다.

순간 기억 저장고에 수용된 정보는 한걸음 더 나아가 '단기 기억 저장고'에 들어간다. 심리학에서 '단기 기억'이라 부르는 기억 저장고다. 그러나 여기서도 많은 정보를 한꺼번에 보유해둘 수 없다. 들어오는 정보는 '순간 기억 저장고'에서 '단기 기억 저장고'로 넘어가지만 단기 기억 저장고 역시 일시적인, 컴퓨터로 비유하자면 '버퍼buffer(입출력 데이터 등의 정보를 전송할 때 일시적으로 사용되는 데이터 저장소-역자 주)' 비슷한 것이다. 시간이 흐른 후 다시금 떠올려보려면 정보는 '장기 기억 저장고'로 옮겨져야 한다.

무의미한 숫자 나열이나 단어 리스트를 계속 받아가며 '외우려고' 할 때, 사람들은 뇌 안에서 그것을 거듭 복창하는 등, 의식적으로 외우기 위한 노력을 한다. 이것은 해당 정보를 순간적인 저장고에서 단기 기억 저장고로, 나아가 장기 기억 저장고로 옮기기 위해서다. 그러나 새로운 정보가 밀려들어오면 아무리 복창을 해도 기억이 결국 이를 따라가지 못하게 된다. 그러는 사이 단기 기억 저장고(버퍼)가 넘쳐 버리고 정보는 사라지게 된다.

▄▄▄ 달인들은 이 점이 탁월하다

그렇다면 수용된 정보를 장기 기억 저장고로 효율적으로 이동시키기 위해 어떻게 하면 좋을까? 기억술의 달인들은 그를 위해 여러 가지 궁리를 한다. 단기 기억 저장고에 일시적으로 수용되는 정보량에는 한계가 있는데 보통 사람의 경우 일반적으로 일곱 항목 정도라고 한다. 요컨대 무의미한 숫자라면 일곱 자리, 짧은 단어라면 일곱 단어 정도다. 단, 이것은 상호 전혀 관련이 없는 정보 항목을 외울 때의 양이다.

달인들은 애당초 관련 없는 정보들을 능숙하게 상호 연관시켜가며 하나의 커다란 덩어리로 만들어버린 후 덩어리째 외운다. 요컨대 정보를 압축해서 몇 배나 되는 양의 정보를 요령 있게 장기 기억 저장고로 이송시킬 수 있도록 한다. 그들은 의미 없는 숫자들의 나열이나 서로 무관한 단어들의 나열, 모르는 사람들의 얼굴과 이름 등에 의미를 부여하여 장기 기억 저장고로 전송하고 나중에 그것을 잊지 않고 떠올릴 수 있도록 평상시부터 끊임없는 훈련을 한다. 바꿔 말하자면 기억술의 달인들은 결코 단기 기억이나 장기 기억의 저장고, 요컨대 하드웨어의 성능을 타고났기 때문에 달인이 된 것은 아닌 셈이다.

한편 셜록 홈즈형 기억의 달인들이 특히 탁월한 점은 보통 사람들이라면 그다지 주목하지 않는 사물에도 주의를 기울이고 그것을 기억할 수 있다는 것이다. 앞서 언급한 500엔짜리 동전의 예로 생각해보자. 잔돈이 많이 든 지갑에서 500엔짜리 동전을 꺼낼 때 하나하나에 새겨진 문양에까지 주의를 기울일 사람은 없을 것이다. 굳이 문양까지 살펴보지 않아도 손으로 만졌을 때의 대략적인 크기로 500엔짜리 동전을 꺼낼 수 있다. 이처럼 보통 사람들의 경우, 그다지 주의를 기울이지 않아도 알 수 있는 것에 대해서는 몇 번을 보건 그 상세한 모양까지 기억하지 않는다. 그러나 셜록 홈즈 같은 기억의 달인은 보통 사람들이 주의를 기울이지 않는 것까지 정확하게 기억해낼 수 있다.

물론 셜록 홈즈라 해서 자신이 본 그 많은 것들을 모조리 기억하는 것은 아닐 터이다. 탐정으로서의 오랜 경험을 통해 어떤 것들에 주의를 기울이며 사건 현장을 살펴봐야 하는지, 어떤 것이 범인을 발견할 때 실마리가 될 수 있는지 미리 알고 있어서, 그 지식에 따라 필요한 것에 주의를 기울이고 있는 것이다. 한편 파트너인 왓슨은 어떤 정보에 주목하면서 현장을 살펴봐야 하는지 모르기 때문에 중요한 것들을 기억하지 못한다.

바꿔 말하자면 셜록 홈즈가 보통 사람보다 뛰어난 점은, 많은 정보를 기억할 수 있는 능력이라기보다는, 범인을 발견하기 위해 어떤 정보가 중요한가를 정확히 파악하고 그 정보만큼은 결코 간과하지 않으며 나중에까지 마음속에 담아둘 수 있는 능력인 것이다.

그렇다면 최상급 프로기사가 장기판을 언뜻 본 것만으로 그 기보棋譜(바둑이나 장기를 둔 내용을 기호로 기록한 것-역자 주)를 재현할 수 있는 것은 위의 예와 어떻게 다를까. 프로기사는 '순간 기억 저장고'의 용량이 보통 사람들보다도 크다는 말일까? 혹은 기억술 달인처럼 정보를 단기 기억 저장고에서 장기 기억 저장고로 옮기는 기술에 능숙한 것일까?

그렇지 않을 것이다. 만약 그렇다면 전략적으로 의미가 없는 장기판의 경우에서도 마찬가지로 잘 기억할 수 있어야 한다. 앞서 소개한 실험에서 경이로운 기억력을 보였던 프로기사들이 자신의 말들의 배치, 상대방 말들의 배치를 하나하나, 그

즉시 마음속에 각인시키고 있었던 것은 아니다. 프로기사는 방대한 수의 기보를 머릿속에 완벽히 담아두고 있다. 실험 상황에서 보게 된 의미 있는 장기판은 과거의 어떤 대국에서 아무개가 사용한 것이기 때문에 이미 기사들 머릿속에 보존되어 있었던 국면이다. 요컨대 장기판을 순간적으로 보았을 때 기사는 자신이 알고 있던 국면 중 어느 것인가를 판단했을 뿐이다. 바꿔 말하면 머릿속에 이미 보존되어 있던 정보와 눈앞의 정보를 대조했을 뿐이다. 여기저기에 무의미하게 말들을 대충 늘어놓았던 장기판은 애당초 머릿속에 없었기 때문에 프로기사라도 재현이 불가능했던 것이다.

프로기사가 실험에서 보여준 경이로운 기억력이란 기보의 방대한 데이터베이스에서 눈앞의 국면을 순식간에 발견할 수 있는 능력이다.

'기억력'은 정보를 저장하는 하드웨어의 용량이라든가 효율 등을 가리키며, 그것은 태어날 때부터 이미 정해져 있다고 생각하는 사람이 많다. 그러나 네 가지 유형의 기억의 달인들을 분석해보면 실은 '기억력이 좋다'란, 예를 들어 애당초 의미 없는 정보에 의미를 더할 수 있는 능력, 혹은 필요한 정보를 파악해서 그것을 세밀하게 관찰하는 능력, 혹은 눈앞의 정보를 이미 머릿속에 담아두고 있던 데이터베이스와 연관시켜 분류하는 능력 등에 불과하다는 사실을 알 수 있다.

___ 어떤 타입의 달인을 목표로 삼고 싶은가

그렇다면 독자 여러분은 어떤 타입의 기억의 달인을 목표로 삼고 싶은가.

만약 침팬지가 태어날 때부터 인간보다 훌륭한 순간 기억 저장고를 가지고 있다고 한다면, 침팬지 정도의 퍼포먼스를 목표로 삼는 것은 어려울지도 모른다. 그러나 실은 침팬지 아유무가 일시적으로 제시된 숫자 배열을 기억하고 숫자가 있었던 장소를 순서대로 터치해가는 과제를 할 수 있게 되기까지, 아유무는 몇 개월이나 되는 시간을 쏟아 매일같이 반복적으로 훈련해야 했다. 그에 비해 이 실험에 참가했던 인간들은 동일한 행위를 하기 전에 겨우 몇 번의 연습밖에는 하지 않았다. 아유무가 반복해왔던 것에 비하면 턱없이 부족한 연습량이었다.

이 말은 즉, 어쩌면 인간도 미리 연습을 했다면 퍼포먼스가 좋아질지도 모른다는 것이다. 미국 연구자들이 실제로 이 가설을 확인해보았다. 인간도 침팬지와 마찬가지로 순간적으로 나타나는 아홉 가지 숫자가 있는 장소를 기억하고 정확하게 터치하는 것을 집중적으로 훈련한 후 실험을 했더니 침팬지 아유무보다 훌륭한 퍼포먼스를 할 수 있었다. 침팬지의 경이로운 순간 기억력은 오랜 시간에 걸쳐 반복적으로 해온 훈련에 의한 것일지도 모른다.

기억술의 달인도 태어나면서부터 대용량·고성능의 기억 저장고를 가지고 태어난 것은 아니다. 그렇다면 우리들도 잘 훈련하고 머리를 쓴다면 그들처럼 기억의 달인이 될 수 있을까. 아마도 될 수 있을 것이다. 기억술을 향상시키기 위한 노력을 몇 년간이나 매일같이 계속할 수 있다면 말이다. 이미 언급했던 것처럼 '기억력이 좋은' 사람은 다른 사람과는 다른 뇌를 가진 게 아니라 훈련에 의해 들어오는 정보를 나중에 상기시키기 쉬운 형태로 기억할 수 있는 기술을 가진 사람이다.

바꿔 말하면 노력 없이 기억술의 달인이 되는 것은 어렵다는 말이다. 그 자체로는 의미 없는 숫자 배열이나 단어 용례들에 대해 나중에 간단히 떠올릴 수 있는 스토리를 순간적으로 만들거나 공간적인 장소와 관련시키거나 하는 것은 갑자기 시도해본다고 가능한 일은 아닐 것이다. 스토리를 여러 가지로 쥐어짜며 그쪽에 주의를 쏟아버리면 정작 기억해야 할 내용은 오히려 머릿속으로 들어오지 않을지도 모른다. 스토리나 이미지를 좀처럼 잘 만들 수 없다면 그것 자체를 떠올리지 못하게 될 경우도 있을 것 같다.

결국 많은 노력을 해서 스스로 기억술의 달인이 되지 않는 한, 다른 사람이 준비해준 절묘한 언어 유희는 외울 수 있어도 외워야 할 정보 모두를 외우는 것은 무리일 것이다.

그러나 기억술을 사용하면 서로 관련성이 없는 낯선 정보를 능숙하게 기억할 수 있다. 요컨대 틀림없이 암기력이 좋아질 것이다. 만약 배움에 있어서 암기가 정말로 중요하고 기억술이 그에 쓸모가 있다면, 어린 시절부터 기억술 훈련을 하는 것은 아이들을 똑똑하게 하기 위해 효과적인 방법일까? 한자나 영어 단어, 기타 여러 가지 것들을 어린이에게 '암기시키는' 것이 중요하다면, 외우는 스킬을 높이기 위해 초등학생에게 기억술 훈련 방법을 가르치는 것은 '좋은 교육'일까. 이것은 깊이 생각해볼 문제다.

셜록 홈즈형은 어떨까. 셜록 홈즈가 훌륭하다는 것 역시 하드웨어로서의 기억 저장고의 성능이 아니라 탁월한 관찰력이다. 이것은 탐정에만 국한된 것이 아니라 여러 가지 분야에서 달인의 영역에 들어간 사람들에게 공통된 사항이다. 달인들은 각자의 분야에서 할 수 있는 훌륭한 퍼포먼스를 위해 각각의 국면에서 가장 필요한 정보가 무엇인지 알고 있으며, 그 정보만을 효율적으로 정확히 끄집어낼 수 있는 사람이다.

일본식 장기 프로기사의 기억력과 셜록 홈즈형 기억력에는 공통점이 있다. 그 분야에 관해 방대한 지식을 가지고 있다는 점이다. 앞서 언급했던 것처럼 장기 프로기사는 (무작위로 놓인 장기판이 아니라) 의미 있는 장기판일 경우, 한 번만 봐도 금방 재현할 수 있었다. 이것은 결코 단순히 많은 기보를 장기 기억 저장고에 대규모 데이터베이스로 가지고 있었기 때문에 가능했던 일이라고 간단히 치부해버릴 사항이 아니다. 중요한 점은 "순간적으로 대규모의 데이터베이스 안에 있는 항목과 눈앞의 장기판을 대조할 수 있는 능력"인 것이다.

셜록 홈즈도 아마 머릿속에 과거의 사건에 대한 방대한 데이터베이스를 가지고 있을 것이다. 그러나 그가 정말 대단한 점은 방대한 데이터베이스 중에서 지금 마주친 사건과 관계 있는 정보만 끄집어낼 수 있는 힘이다. 똑같은 살인 사건은 결코 없을 것이다. 지금 일어난 사건이 이전의 어느 사건과 구조적으로 비슷한지를 정확히 판단해서 해당 정보를 이용하여 필요한 정보를 수집하고 추리해야 한다. 그런 능력이 없다면 방대한 데이터베이스도 쓸모없을 것이다.

결국 순간기억형, 기억력 세계선수권 챔피언형, 셜록 홈즈형, 장기 프로기사형 등 모든 타입의 기억의 달인들은 장기간의 훈련을 거쳤다고 말할 수 있다. 오랜 세월에 걸친 훈련을 통해 자신들이 필요한 일을 잘 수행하기 위한 기억 능력을 배양시킨 사람들인 것이다. 어떤 타입의 달인을 목표로 해도 나름대로 힘들 것 같다. 상당한 시간과 노력을 투자하지 않으면 안 될 것이다. 그렇다면 과연 여러분은 어떤 타입을 목표로 삼고 싶은가?

chapter 2.

지식이란 무엇일까?

▬ 행간을 읽다

우리들은 기억술을 이용하여 '외우려고' 할 때 상식적으로 가지고 있는 지식을 사용한다. 일상적인 생활 장면에서 우리들은 사람들이 말하고 있는 것을 간단히 이해할 수 있다. 텔레비전 드라마나 영화도 이해할 수 있다. 그러나 생각해보면 다른 사람의 이야기든 드라마나 영화의 플롯이든, 갑자기 문맥이 전환되는 경우가 많다. 어떤 이야기를 하고 있었는데 돌연화제가 바뀌거나 장면이 바뀌거나 한다. 일일이 설명하지 않거나 혹은 영상으로 직접 보여주지 않는 경우도 많다.

영화를 예로 들어 생각해보자. 검은 옷을 입은 사람들이 모여 있고, 몇 사람인가가 울고 있으며 모두들 어두운 표정을 짓고 있는 장면에서 느닷없이 시작되었다고 하자. 아무도 그것이 장례식 장면이라고 말하지 않았고 내레이션에서도 언급되지 않았다. 하지만 우리들은 일일이 설명을 듣지 않아도 어떻게든 이야기에 따라갈 수 있다. 그 이유는 우리들이 '장례식'이란 어떤 것인지를 익히 알고 있으며, 영화의 그 장면이 '장례식' 장면이라는 것도 이해할 수 있기 때문이다.

우리들은 일상에서 일어나고 있는 뭔가를 이해하기 위해 항상 '행간'을 읽고 있다. 실제로는 직접적으로 언급되지 않고 있는 것의 의미를 스스로 보완하면서 문장, 영상, 혹은 일상적으로 경험하는 여러 사실과 현상들을 이해하고 있는 것이다. 행간을 읽기 위해 사용하는 상식적인 지식, 이것을 심리학에서는 '스키마Schema'라고 부르고 있다.

▬ 이야기의 스키마

다음 문장을 읽고 내용을 기억하길 바란다.

풍선이 음악을 연주한다 해도 그 소리는 전달되지 않을 것이다. 왜냐하면 모든 것들이 목표로 하는 층에서 너무 멀기 때문이다. 게다가 창문이 닫혀 있어도 소리는 전달되지 않는다. 빌딩은 대체로 음을 효과적으로 차단하기 때문이다. 전류가 얼마나 안정적으로 흐르는지의 여부에 모든 것이 달려 있다. 전선이 도중에 끊어져 있어도 문제는 생길 것이다. 물론 남자는 큰 목소리로 외칠 수 있다. 그러나 사람의 목소리는 그렇게 멀리까지 전달될 정도로 크지 않다. 또 하나의 문제는 악기의 현이 끊어지지 않을까 하는 걱정이다. 그렇게 된다면 반주 없이 노래해야 한다. 분명 가장 좋은 것은 거리가 가까운 것이다. 그렇다면 귀찮은 문제도 거의 없을 것이다. 정면으로 마주하면 곤란한 일은 일단 일어나지 않을 것이다.

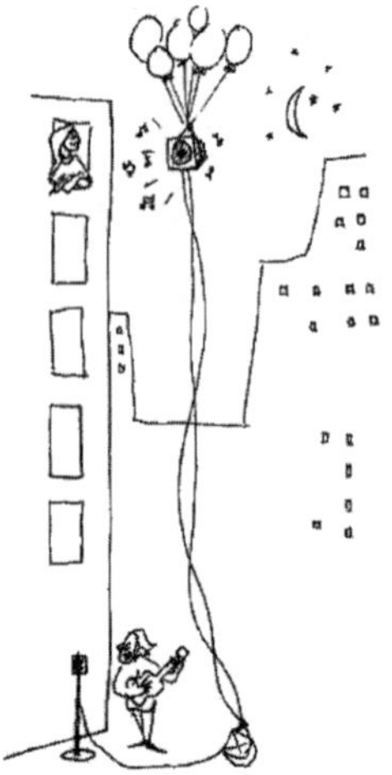

그림 1-1 ▶ **한밤중의 세레나데**
(Bransford & Johnson 1972)

조금 전 장례식 장면과 달리 앞의 인용문만 읽어보면 도무지 무슨 장면인지 알 수 없다. 대부분의 사람들은 그저 몇 개인가의 키워드를 단편적으로 떠올리는 것이 고작일 것이다. 그러나 이 글을 읽기 전, 이 부분이 『한밤

중의 세레나데』라는 타이틀의 소설에서 발췌한 대목이라는 사실을 알려준다면 성적은 다소 향상될지도 모른다. '다소 향상될' 뿐인 이유는 일본인들에게는 '세레나데를 연주하면서 구애한다'라는 상황에 대한 스키마도, 여기에 묘사되어 있는 '빌딩 위층까지 풍선을 사용하여 음을 도달하게 한다'는 방법에 대한 스키마도, 부족하기 때문이다.

이 스토리를 읽기 전, 그림 1-1을 보여주고 구체적인 상황을 이해할 수 있게 하면 기억 성적은 훨씬 향상될 것이다. 상황이 그림에 의해 구체적으로 제시되기 때문에 듣는 사람은 스토리의 행간을 읽을 수 있고, 결국 단편적이 아닌 스토리 전체를 떠올릴 수 있기 때문이다.

스키마가 없으면 어렵다

해외의 전위적인 영화를 보다 보면 스토리를 따라갈 수 없게 되어버리는 경우가 종종 있다. 그것은 행간을 읽을 수 없다는 이유에서 오는 현상이다. 이럴 때는 대부분의 경우 두 종류의 스키마가 부족하다. 우선은 제각각의 상황에 대해 행간을 읽는 스키마다. 자신들의 문화에서 당연하다고 생각하고 있는 것이 영화의 무대가 되고 있는 문화에서는 통용되지 않는다. 요컨대 해당 문화에서의 일상적인 스키마가 없으면 영화로 표현된 장면이나 상황의 스키마가 보완되지 않는 것이다.

또 다른 종류의 스키마는 이야기 전개에 관한 스키마다. 우리들은 영화나 드라마를 볼 때, 어디가 회상의 장면인지, 어디부터 이런 이야기가 전개되고 있는지, 무의식적으로 예측하면서 스토리를 따라가고 있다. 이것 역시 드라마나 영화, 혹은 소설 등 스토리의 일반적 전개 방식에 대한 지식, 즉 '이야기의 스키마'다.

일반적인 이야기의 스키마가 전혀 통용되지 않는 전위적인 작품들의 경우, 그것만으로도 이해가 어려워진다. 심지어 완전히 이질적인 문화라면 더더욱 어려워질 것이다. 자신의 일상생활의 여러 가지 스키마를 전혀 사용할 수 없게 되면, 설령 자막이 있어서 표면적인 문맥 파악이 가능하다고 해도, 스토리 자체를 깊이 이해할 수 없게 되어버린다.

스키마를 사용할 수 없는 배움

적혀 있는 내용을 표면적으로는 이해한다 해도 스키마가 없으면 무슨 말인지 이해가 안 된다. 그것은 드라마나 영화에 국한되지 않는다. 전문가를 대상으로 한 문장들은 그 분야의 전문적인 지식을 가지지 않는 사람들에게는 이해하기 어렵다. 물론 이해가 어려운 이유로는 전문 용어를 모르기 때문인 경우도 있다. 그러나 모든 전문 용어를 알고 있다 해도 전체의 논지를 좀처럼 이해할 수 없는 경우도 많다. 이것은 해당 전문 분야의 배경 지식(해당 전문 분야의 스키마)이 부족해서 적혀 있지 않은 것의 행간을 읽어낼 수 없기 때문이다.

어린이의 기억 역시 마찬가지 경우다. 아이들은 여러 가지 것들을 학교에서 배운다. 하지만 선생님의 설명이나 교과서를 이해하기 위해서는 역시 여러 가지 스키마를 활용해 행간을 읽어나갈 필요가 절실하다. 잘 이해가 되지 않는 것들은 외우기도 어렵다.

기억에 대한 이야기를 하고 있었는데 어느새 스키마가 없으면 텍스트나 다른 사람들의 이야기, 영상 작품 등을 이해할 수 없다는 이야기가 되어버렸다. 결국 이해가 되지 않으면 기억하기도 어려워진다는 이야기다. 스키마로 행간을 읽어가는 것이 불가능하면 선생님의 설명도 텍스트에 적혀 있는 것도 이해하기 어렵다. 억지로 외우려고 하면 무의미한 숫자의 나열이나 단어 리스트를 기억하는 것과 매한가지인 상태에 빠져버리는 것이다.

사람들은 뭔가 새로운 것을 배우려고 할 때 반드시 기존에 가지고 있던 지식을 활용한다. 지식을 사용할 수 없는 상황에서는 이해가 어렵고, 따라서 기억하는 것도 불가능하다. 요컨대 학습이 불가능한 사태에 빠져버린다. 바꿔 말하면 이미 가지고 있는 지식이 새로운 것을 학습하는 데 중요한 역할을 하는 것이다.

기억은 구축된다

스키마는 외워야 할 내용에 의미를 부여한다. 또한 스키마는 외계에 있는 방대한 정보로부터 필요한 정보만을 끄집어내어 주의를 향하게 한다. 사람들은 주의를 기울이며 선택된 정보만을 기억한다. 500엔짜리 동전에 새겨진 문양을 사람들이 거의 기억하지 못하는 것은 동전을 인식하기 위해 문양까지 일일이 주의를 기울이지 않기 때문이다.

이것을 곰곰이 파헤쳐 보면 결국 우리들은 사물을 객관적으로 기억할 수 없다는 말이 된다. 우리들은 항상 사물을 —그것이 다른 사람의 이야기든, 텍스트든, 영화나 드라마든, 기

타 여러 사실이나 현상이든— 여러 지식들을 이용해 해석하
고, 해석한 결과를 기억한다. 바꿔 말해 일상생활에서의 기억
은 '객관적인 사건의 기록'이 아니라 지식의 필터를 통해 해석
되고 구축된다.

___ 기억은 스키마와 뒤섞인다

  기억은 주관적으로 만들어진 것이다. 스키마는 들어오는 정
보를 자신에게 의미 있는 것으로 만들고 기억하는 데 도움을
준다. 그런 반면 스키마에 의해 실제로는 보지 않았던 것을 보
았다고 생각해버리거나 기억이 왜곡되어 실제와는 다른 형태
로 떠올려버리는 경우도 빈번히 발생한다.

  예를 들어 여러분이 대학교 교수님 연구실을 방문하고 그
후 연구실에 있던 것들을 떠올려보려고 한다. 그때 그곳에 매
우 보기 드문 것이 있었다면 그것은 기억에 선명히 남을 것이
다. 하지만 거기에 당연히 있으리라 기대되는 것들—전화, 컴
퓨터, 노트, 파일, 달력 등—에 대해서는 정말로 있었는지 아닌
지, 불확실한 기억만 남아 있기 마련이다. 사람들은 통상적으로
당연히 있는 것에 대해서는 주의를 기울이지 않기 때문이다.

주의를 기울이지 않는 것이 기억의 저장고에 확실한 형태로 들어가는 경우는 없다. 떠올릴 때 사람들은 '대학교 교수님의 연구실'이라는 스키마에 의해 '당연히 있을 것'을 '있었던 것'으로 보고해버린다. 대부분의 경우 기억이 애매모호하다는 감각도 없이 '있었다'고 '지레짐작'해버리는 것이다(이것은 실제로 심리학 실험에서 보고되었다). 실제로 사람들의 기억에는 항상 스키마가 섞여 있다. 그리고 기억의 저장고 안에서 정보를 꺼낼 때 실제로 있었던 객관적인 정보와 스키마를 분리하는 것은 거의 불가능하다.

누군가가 했던 일의 일거수일투족, 처음부터 행했던 모든 것들을 비디오처럼 모조리 정확하게 기억하는 것은 불가능하다. 그것은 굳이 심리학 실험을 거치지 않아도 일상의 경험을 통해 이해할 수 있을 것이다. 한 장의 단순한 그림에 대한 기억조차 사소한 것들 때문에 왜곡되어버린다.

그림 1-2 ▶ 문자 C인가? 초승달인가?

그림 1-2를 봐주길 바란다. 한 실험에서 이와 같이 애매한 그림 모양을 보여주었다. 실험 참가자들은 세 그룹으로 나뉜다. 첫 번째 그룹 참가자들은 그림만을 본다. 나머지 두 그룹에서는 그림 모양과 함께 그 이름을 보여준다. 단, 똑같은 그림 모양에 대해 서로 다른 이름이 붙어 있다. 예를 들어 C로도 보이고 초승달로도 보이는 그림 형태에 대해 어떤 한 그룹에서는 그림이 'C'라는 이름과 함께 제시되었고 또 하나의 그룹에서는 '초승달'이란 이름과 함께 제시되었다(하나하나의 단어의 의미도 일종의 스키마라고 생각할 수 있다. 우리들은 'C'란 문자에 대한 스키마, '초승달'에 대한 스키마를 가지고 있다). 그 후 참가자들은 자신이 본 그림 형태를 가능한 한 정확하게 재현해 그려보라는 요구를 받았다.

그림 1-3 ▶ 이름이라는 지식은 기억에 영향을 미친다

그림 1-3의 여덟 가지 그림을 살펴보면, 어느 쪽이 애당초 무슨 이름이라고 들었던 사람들이 그린 그림인지, 굳이 말하지 않아도 알 수 있을 것이다. '이름이라는 지식'은 '그림 형태에 대한 기억'에 확연히 영향을 미치고 있다. 기억의 저장고에 입력된 그림은 실제로 본 그림 그 자체가 아니라, 이름이 가리키는 것의 전형적인 이미지가 수반된, 자신이 '창조해낸' 이미지인 것이다.

언어가 기억에 영향을 미치는 것은 정보를 기억의 저장고에 넣는 순간만이 아니다. 미국에서 비슷한 실험이 행해졌다.

예를 들어 차들이 서로 충돌하는 사고 순간을 담은 극히 짧은 영상을 사람들에게 보여준다. 영상을 보여준 후 '차는 어느 정도의 스피드로 충돌했습니까?'라고 묻는다. 하지만 질문할 때 사람에 따라 '충돌'이라는 부분에 대해 상이한 충격 강도를 나타내는 'smash', 'collide', 'bump', 'contact', 'hit'라는 각각의 동사 중 하나가 사용되었다. 모두 번역하면 '충돌'로 해석될 수 있는 단어다. smash가 가장 충격이 강하고 이하의 순서로 약해져 간다.

한편 그 결과를 살펴보면, 실험 참가자들은 100% 똑같은 영상을 보았음에도 불구하고 질문 문장에서 사용된 동사의 종류에 따라 상이한 스피드를 제시했다. 동사가 담고 있는 충격 강도가 클수록 참가자들이 추측한 스피드가 빨라졌으며, 동사가 나타내는 충격 강도가 작을수록 추측한 스피드는 느려졌다. 요컨대 기억이란 맨 처음 저장고에 넣을 때뿐 아니라 끄집어낼 때 외부로부터 들어온 정보에 따라서도 편차가 생길 정도로 섬세하고 가변적인 것이다.

그것은 기억일까, 지식일까?

사람이 뭔가를 기억할 때 기억된 내용은(혹은 상기된 내용은) 지식에 큰 영향을 받는다. 그렇다면 애당초 '지식'이란 무엇일까? 배움에 있어서 '지식'은 그 무엇보다 중요하다. 배움의 목적은 '지식을 몸에 익히는 것'이라고 많은 사람들이 생각하고 있다.

하지만 '지식이란 무엇인가'라는 질문을 새삼 받게 되었을 때, 여러분이라면 과연 어떻게 대답하겠는가.

기억과 지식은 정말 같은 것일까. 우선 이 점에 대해 생각해보자. 다음 사례에 대해, 그것이 기억인지 지식인지, 혹은 양쪽 모두에 해당하는 것인지, 잘 생각해보길 바란다.

사례A 기억력 세계선수권에서 숫자 기억 부문 세계 기록 보유자는 1시간에 2,660행의 숫자 배열을 기억할 수 있다고 한다. 기억한 숫자 배열은 기억일까, 지식일까?

사례B 같은 숫자 배열이라도 전화번호는 어떨까? 예를 들어 친구 100명의 전화번호를 암기했다고 치자. 암기한 전화번호는 기억일까, 지식일까?

사례C 심리학 기억 테스트에서 연속으로 제시된 15개의 단어들 중 들은 직후에는 10개를 떠올릴 수 있었다. 하지만 일주일 후에는 하나도 기억해내지 못했다. 듣자마자 바로 떠올릴 수 있었던 10개의 단어들은 기억일까, 지식일까?

사례D 한자 검정에 도전하기 위해 참고서를 구입해서 여태껏 몰랐던 한자를 1개월에 100자나 외우고 한자 검정 1급 시험에 무사히 합격했다. 외운 한자는 기억일까, 지식일까?

영어 검정을 위해 몰랐던 영어 단어를 100개 외워 영어 검정에 무사히 합격했다. 외운 영어 단어는 기억일까, 지식일까?

프로기사는 실험자에게 제시된 장기판을 몇 초 동안 언뜻 본 것만 가지고 모든 말들의 위치를 재현할 수 있다. 기사가 보고 재현한 말들의 배치는 기억일까, 지식일까?

독자 여러분은 과연 어느 쪽이라 생각하는가? 기억 혹은 지식으로 무 자르듯 나누는 것이 어렵다면, "이것은 지식이다"라고 말할 수 있는 확신도가 강한 순서대로, 사례A부터 사례F까지 순서를 매겨보아도 좋을 것이다.

"스키마는 지식이다"라고 이미 언급했던 것을 상기해보자. 우리들은 스키마에 따라 상황을 판단하고, 그 다음에 해야 할 것들을 예측할 수 있다. 스키마에 따라 상황의 어디에 좀 더 주의를 기울여야 할지 알 수 있다. 스키마에 의해 원래라면 기억하지 못할 분량의 정보를 압축해서 기억할 수도 있다. 반대로 스키마가 없었다면 눈으로 본 정보, 귀로 들은 정보의 취사

선택이 불가능해지고 이해도 할 수 없으며 따라서 기억하기 매우 어려워진다.

지식과 기억을 칼같이 나눌 수 있다면 외운 것들이 '쓸모가 있거나', '쓸모가 없거나' 하는 선을 그을 수 있는 기준이 될 수 있을지도 모른다.

사례A는 대단한 위업이다. 기억력 세계챔피언이 되면 상금도 받을 수 있다. 그런 의미에서는 쓸모가 있다고 말할 수 있을 것이다. 그러나 외운 숫자 자체는 실생활에서나 앞으로의 배움에 그다지 도움이 될 것 같지 않다.

사례B는 어떨까. 다른 사람의 전화번호를 즉석에서 떠올릴 수 있다면 실생활에 쓸모가 있을 것 같다. 옛날에는 전화번호를 찾으려면 묵직한 전화번호부를 우선 들춰봐야 했다. 전화번호가 머릿속에 전부 들어가 있으면 제법 득이 되고 편리했을지도 모른다. 하지만 오늘날에는 일단 한번 휴대전화나 컴퓨터 연락처에 입력해두면 언제든지 금방 꺼내올 수 있기 때문에 과거에 비해 굳이 전화번호를 외울 필요성이 훨씬 적어졌을지도 모른다. 또한 뭔가 새로운 것을 배우는 데 소용이 있느냐 하면, 그다지 큰 쓸모가 있을 것 같지도 않다.

그렇다면 사례C는 어떨까. 실험 중에 열심히 노력해서 외운 단어. 하지만 일주일 후에는 전혀 기억해낼 수 없다. 직감적으로 이것은 "지식이 아니다"라고 생각할 사람이 많지 않을까. 하지만 최소한 기억 테스트에는 답할 수 있기 때문에 일단은 쓸모가 있었다고 말할 수 있을 것 같다. 마찬가지로 사례D. 새롭게 외운 100개의 한자는 한자 검정시험에 도움이 될 것 같고 일상생활이나 면학에도 쓸모가 있을 듯하다. 한자를 많이 알고 있으면 문장에 대한 이해도 용이해질 것이다. 글을 쓰는 데도 유용할 것이다. 이렇게 생각하면 외운 100개의 한자는 기억이 아니라 지식이라고 말할 수 있을 것 같다.

사례E의 영어 단어를 외우는 것은 새로운 한자를 외우는 것과 마찬가지라고 생각된다. 영어 검정에도 무사히 합격했다. 만약 사례D가 지식이라면 이것 역시 지식이라고 말할 수 있을 듯하다. 단 외운 단어로 영어 문장을 전혀 만들 수 없다면 어떨까? 새롭게 외운 한자라면 그것을 사용해서 문장을 만들 수 있을 것이다. 하지만 일본어로 바꿔 의미를 암기했던 영어 단어가 영어를 말하거나 쓸 때 그다지 큰 도움이 되지 않는다는 것은 종종 있을 수 있는 케이스다. 그럼에도 사례E는 사례D와 마찬가지로 '지식'이라 할 수 있을까. 고민스러운 대목이다.

마지막으로 사례F. 앞에서 언급했던 것처럼 프로기사는 머릿속에 기보에 대한 방대한 데이터베이스를 가지고 있다. 그런 기보를 '기억'이라고 생각하는 사람이 많을지도 모른다. 하지만 프로기사의 대단한 점은 눈앞에 보이는 말의 배치를 방대한 데이터베이스 중에서 금방 찾아낼 수가 있고 그것에 의미를 부여할 수 있다는 점이다. 앞에서는 프로기사가 머릿속에 가진 데이터베이스는 '지식'이라고 서술했는데, 그것을 '기억'이라고 바꿔 말해도 무방할까? 아니면 '기억'과는 구별해야 할까?

정답을 들을 수 있을 거라고 기대하신 독자 분들에게는 송구스럽지만, "기억일까, 지식일까" 하는 물음에 대해 획일적인 정답은 없다. 이 물음은 근본적으로는 "지식이란 무엇인가"에 대한 인식론의 문제이며, 고대 그리스 시대부터 철학자들이 끊임없이 자문해왔던 문제다. 그렇다고 이 물음에 대해 고민하는 것을 오로지 철학자들에게만 미뤄둘 수는 없다. 독자 여러분도 앞으로 이 책을 읽어나가면서 이 물음에 대해 자기 나름대로 답변을 생각해보길 바란다. "지식이란 무엇인가"란 문제에 대해서는 제6장에서 다시금 다룰 것이다.

▁▁ '살아 있는 지식'과 '죽은 지식'

인지심리학에서 지식에 대해 말할 때 '살아 있는 지식과 죽은 지식'이란 표현을 자주 쓴다. 이것은 아까 나온 사례A에서 사례F까지도 관계가 있다. 우리들 모두 아무리 늦어도 중학교에서부터 영어를 배우고 입시나 TOEIC 등의 테스트에서 영어 지식을 점검받아왔다.

예를 들어 부정관사 'a'와 정관사 'the'의 차이를 설명하라는 질문을 받았다면 어떻게 답변할 것인가? "a'는 그에 이어지는 명사의 수를 셀 수 있고 불특정하고 일반적인 범주를 가리킬 때 사용하는 부정관사다', "the'는 앞에 나왔거나 혹은 무엇인지 특정할 수 있을 때 사용하는 정관사다'라고 교과서에 적혀 있는 그대로 대답을 쓸 수 있을 것이다. 그것은 '사실에 대한 지식'을 가지고 있기 때문이다. 그러나 실제로 영어를 쓰거나 말할 때 'a'와 'the'를 바르게 구별해서 쓰기는 쉽지 않다.

이와는 반대의 경우가 일본어 조사를 구별해서 쓰는 경우다. 일본어의 조사들을 어떻게 구분해서 쓸 수 있는지, 말로 설명하는 것은 대단히 어렵다. 하지만 일본어를 모국어로 하고 있는 사람들은 일일이 말로 설명하긴 어렵지만 어쨌든 조사를 잘 구분해서 사용할 줄 안다.

"몸으로 익힌다"는 표현의 경우, 스포츠나 악기 연주, 손을 사용한 스킬 등, 실제로 몸을 사용해서 행하는 것만을 가리키는 경우가 많다. 하지만 꼭 그렇다고 단정 지을 수도 없다. 어린 시절부터 쭉 일상 회화 가운데 사용되는 것을 듣고 스스로 그 의미(어떨 때 사용되는지)를 추측하고 실제로 사용해본다. 이런 과정을 반복함으로써 일본어 조사를 각각 어떻게 구별해서 사용해야 하는지 몸으로 기억한다. 따라서 굳이 의식하지 않고도 자신이 하고 싶은 말을 그때그때 구별하여 사용할 수 있게 된다. 요컨대 그 지식이 몸의 일부가 되는 것이다.

이처럼 지식은 몸의 일부가 되어야만 살아 있는 지식이 되어 우리가 사용할 수 있게 된다. 반대로 몸의 일부가 되어 있지 않은 지식은 실질적으로 사용할 수 없다는 말이 된다. 외국어 습득의 경우를 예로 들어 생각해보자. 외국어를 잘 사용할 수 없다고 느끼고 있는 동안은, 아직 그 지식이 내 몸의 일부가 되어 있지 않은 것이다. 그것은 '머리로 알고 있을 뿐인 지식'이다. 요컨대 '머리로 알고 있을 뿐인 지식'은 '사용할 수 없는 지식', '몸으로 익힌 지식'은 '사용할 수 있는 지식'과 깊이 연관되어 있다는 것을 알 수 있다.

'사용할 수 있는 지식'과 '사용할 수 없는 지식'

'사용할 수 있는 지식'과 '사용할 수 없는 지식'에 대해 좀 더 생각해보자. '지식'이라는 단어를 접했을 때 사람들이 가장 먼저 이미지로 떠올리기 쉬운 것은 '사실의 지식'일 것이다. 예를 들어, 'OECD는 '경제협력개발기구'의 약자다', '사과는 영어로 '애플'이라고 한다'라는 것들은 '사실의 지식'이다. 한편 그와 구별되는 지식으로 '절차의 지식'이 있다. 말로는 확실히 설명할 수 없지만 몸이 순서를 기억하고 있는 지식은 매우 많다고 할 수 있다. 아까 예로 들었던 일본어 조사를 구별해서 사용하는 것도 그중 하나다. 자전거를 타는 방법도 그럴 것이다.

아까 나왔던 "지식일까, 아니면 기억일까"의 경우, 많은 독자 분들이 사례A에서 기억한 숫자들은 지식이 아닐 거라고 생각했을 것이다. 기억술의 달인이 훈련에서 목적으로 삼고 있는 것은 숫자 그 자체를 기억 저장고에 계속 유지해두는 것이 아니다. 중요한 것은 애당초 의미 없는 정보에 의미를 부여하고, 가능한 한 많은 정보를 압축함으로써 기억해내는 스킬 그 자체인 것이다. 이런 스킬이야말로 기억력 세계선수권에서 챔피언을 꿈꾸는 사람들 입장에서 보면 '사용할 수 있는 지식'인 것이다.

'F=ma'라는 물리 공식에도 비슷한 이야기를 할 수 있다. 해당 공식에 수식을 집어넣어 답변을 도출해본들 테스트 시간 이외에는 그다지 쓸모가 없을 것이다. 해당 공식을 문제 해결의 각각의 장면에서 쓸 수 있을지 잘 판단할 수 있을 때 비로소

F=ma라는 공식은 '사용할 수 있는 지식'이 된다.

모국어 단어에서도 잘 모르는 단어는 사전을 찾아 그 뜻을 알고, 어렴풋하게라도 그 의미를 파악하려 한다. 하지만 구체적으로 어떻게 사용해야 좋을지 잘 모르는 경우가 있다. 이것은 사용하기 위한 절차의 지식이 부족하기 때문이다.

___ '살아 있는 지식'과 배움

이 책의 목적은 "보다 양질의 배움이란 무엇인가"란 문제를 독자 여러분과 함께 생각해보는 데 있다. 그를 위해 '지식이란 무엇인가'란 문제부터 짚고 넘어갈 필요가 있다. 지금까지 언급해 왔던 것처럼 우리들은 외운 것들을 모두 유익하게 사용하지 못하고 있다. 모처럼 시간을 들여 배운 것이니, 배운 지식을 '살아 있는 지식'으로 만들고 싶다. 그렇다면 어떻게 배워야 지식은 '살아 있는 지식'이 되는 걸까.

'살아 있는 지식'이 어떤 것인지 알기 쉬운 예로 언어(모국어) 지식을 들 수 있다. 아이들은 모국어를 습득하여 사용할 수 있도록 여러 단어들을 기억하고, 외운 단어들을 가지고 커뮤니케이션에 사용한다. 나아가 외운 단어들을 가지고 더더욱 새로운 단어들을 배운다. 요컨대 가지고 있는 지식이 새로운 지식을 잉태시키는 선순환의 사이클을 만들어내고 있는 것이다.

모국어 습득 과정은 숙달 과정이기도 하다. 어떤 분야에서든 숙달 과정이란 정보를 선택하는 방식이 능숙해지고, 새로운 정보를 이미 가지고 있는 지식 안에 도입하여 지식을 (단순히 비대하게 만드는 것이 아니라) 진화시킬 수 있게 된다는 것을 의미한다. 아이들의 모국어 습득도 실로 이런 과정을 거치고 있다.

다음 제2장에서는 아이들의 모국어 습득 과정을 살펴보기로 하겠다. 어린이가 어떻게 모국어를 몸에 익히는지 이해해보면 우리들이 '살아 있는 지식'을 몸에 익히고 숙달해갈 때 우리들 안에서 무엇이 일어나고 있는지 이해하는 데 도움이 될 것이다. 그리기 위해 무엇을 해야 할까. 그것을 생각하기 위한 힌트를 제공해줄 것이다.

제2장
지식의
시스템을 만든다

―어린이의 언어 학습을 통해 배운다―

제2장 지식의 시스템을 만든다

―어린이의 언어 학습을 통해 배운다―

우리들은 모두 모국어의 달인이다. 우리들은 모국어를 당연한 것처럼 사용하여 소통하고 배우고 생각한다. 하지만 그 배후에 방대한 양의 지식이 있다는 사실을 의식하는 사람은 거의 없을 것이다. 해당 언어의 음의 특징이나 문법에 관한 깊은 지식, 그리고 엄청난 양의 단어들이 의미하는 바와 그 사용법을 알지 못한다면, 말을 하거나 글을 쓰는 것은 불가능하다.

외국어를 배운 경험이 있는 사람이라면 누구나 그런 사실을 뼈저리게 느꼈을 것이다. 오랜 시간과 엄청난 노력을 들여 외국어 문법이나 단어들을 외워놓았지만 사소한 것조차 이야기하거나 쓰기 어렵다. 자신의 모국어처럼 완전히 소화할 수 있을 정도로 외국어를 능숙하게 하기 위해서는 특별한 재능이 필요하다고 생각하는 사람도 많다. 하지만 어째서 아이들은 누구나 쉽사리 모국어의 달인이 될 수 있는 걸까.

우리들이 수업을 통해 외국어를 학습할 때, 텍스트 안의 문장들은 이미 단어로 구별되어 있는 경우가 대부분이다. 신출 단어가 리스트로 제시되어 있거나 일본어 번역문까지 첨부된 경우도 있다. 요컨대 성인들은 외국어를 학습할 때, 들은 내용 중에서 스스로 단어를 찾아내는 경우가 거의 없다. 하지만 성인들은 외국어 문법이나 단어는 몰라도, 어떤 언어에서든 공통적이라 할 수 있는 '언어에 관한 많은 지식'을 가지고 있다. 예를 들어 말이란 단어라는 요소에 의해 성립되고 있다는 사실, 제각각의 단어에는 의미가 있다는 사실, 단어에는 명사, 동사, 형용사 등 서로 다른 종류의 품사가 있어 문중에서 맡는 역할이 제각각 다르다는 사실 등이 그것이다.

한편 아이들에게는 텍스트도 사전도 없다. 누군가가 자신에게 말한 단어들이나 주변에서 사람들이 이야기하고 있는 대화 내용만을 통해 모든 것들을 스스로 발견해내야 한다. 영어 텍스트에는 단어와 단어 사이에 스페이스가 있지만, 음성이라 할 수 있는 대화 내용에는 단어와 단어 사이에 명확한 구분조차 없다. 따라서 발견한 단어의 의미도 스스로 추측할 수밖에 없다. 아이들이 말을 배울 때 어른들로부터 말에 대해 가르침을 직접 받지는 않는다. 어른들은 아이들에게 말을 하는 것을 보여줄 수는 있지만 말을 이용해서 말에 대해 직접 가르쳐줄 수는 없다.

그러나 생각해보면 이것은 참으로 신기한 일이다. 사람들은 관련 지식을 갖고 있지 않는 정보에 대해서는 기억하는 것도 학습하는 것도 어렵다. 그런데 유아의 경우, 말을 학습할 때 말에 관한 지식을 거의 가지고 있지 않다. 처음에는 단어의 뜻도 거의 모르기 때문에 어떤 단어의 의미를 말로 설명하는 것조차 불가능하다. 그럼에도 불구하고 아이들은 눈 깜짝할 사이에 수많은 단어들을 외우고 문법을 파악하고 말을 할 수 있게 되며, 지식을 놀라운 속도로 늘려갈 수 있다.

일본어든 영어든 그 어떤 언어든, 언어를 사용하기 위해서는 그 언어의 음, 문법, 어휘에 대한 지식이 반드시 필요하다. 하지만 제각각의 요소에 대해 제아무리 많은 지식을 가지고 있어도 그것만으로는 언어를 사용할 수 없다. 다양한 요소들의 지식이 서로 연관된 시스템을 갖추어야만 하기 때문이다. 영어 능력 1급, TOEFL, TOEIC에서 고득점을 따는 것은 가능하지만 영어를 자유롭게 사용할 수 없는 사람들이 있다. 다양한 요소의 지식은 축적되었지만, 그것들이 시스템을 갖추지 못하고 있는 것이다. 바꿔 말하면 아이들의 언어 습득 과정이란, 지식의 단편을 축적해가는 과정이 아니라, 지식을 시스템으로 창출해내는 과정인 것이다.

이번 장에서는 아이들이 숙달된 모국어 학습자, 사용자가 되어가는 과정을 살펴보며 지식의 시스템을 만들기 위해서는 무엇이 필요한지 생각해보도록 하겠다.

chapter 1.

가능한 것부터 시작한다

태내에서 배우는 모국어 리듬

언어 학습은 태내에서 이미 시작된다. 태아는 양수 안에 있다. 물속에서 하나하나의 섬세한 소리는 잘 들리지 않는다. 하지만 리듬은 물속에서도 인지할 수 있다. 태아는 모국어의 리듬이나 음의 강약에 관한 패턴을 듣고 모국어 운율 패턴을 학습한다. 언어의 특징을 가장 알기 쉬운 것은 운율(리듬과 음의 강약이나 고제)이다. 들려오는 언어가 무엇을 말하고 있는지 전혀 몰라도 중국어인지, 프랑스어인지, 이탈리아어인지는 어쩐지 느낌으로 알 수 있다. 태아도 마찬가지다. 아직 모친의 태내에 있지만, 그 환경에서 가능한 언어 학습을 이미 시작하고 있는 것이다. 막 태어난 지 얼마 되지 않더라도 유아들은 운율에 의

지하여 자신의 모국어를 그 이외의 언어와 구별할 수 있다. 요컨대 엄밀히 말해 아기들은 자신의 모국어 운율의 특징에 대한 지식과 함께 이 세상에 태어나는 것이다.

단어를 만드는 음을 찾는다

언어의 기본 요소는 단어다. 단어를 규칙(문법)에 따라 조립하고 문장을 만든다. 단어를 조합시킴으로써 말하고 싶은 것을 뭐든지 표현할 수 있다.

그러기 위해서는 많은 단어들을 알고 있어야 한다. 그러나 귀로 듣는 언어음은 단어에 따라 나뉘어 있지 않다. 처음 듣는 말을 접했을 때 끊임없이 흘러 들어오는 음들을 단어 단위로 잘라낼 수 있고 그 각각의 단어의 의미를 알고 있어야 한다. 그렇지 않으면 무슨 말을 하는 건지 알아들을 수 없다. 다른 사람이 무슨 말을 하고 있는지 이해하기 위해서 유아들은 우선 사람의 목소리를 단어로 구분해가는 것부터 시작해야 하는 것이다.

단어는 대체로 복수의 음들이 결합되어 만들어진다. 그때의 음이란 무엇일까. '음소'라는 음의 단위다. 조금 더 자세히 설명하자면 음소란 특정 언어에서 단어를 만드는 음의 단위라고 할 수 있다. '그 음의 차이가 상이한 단어를 만들어낼 수 있는지'가 해당 언어의 음소를 결정한다.

예를 들어 '사카나'와 '다카나'는 맨 처음의 자음이 다를 뿐이지만 이 두 가지 음의 배열은 의미가 완전히 다른 단어가 되고 있다. 그러나 '사시미'란 단어 안에 있는 두 가지 /s/에 대해 살펴보면 '사ㅅ'의 경우 영어 단어 'see'의 맨 처음 자음과 가까운 음이 만들어지는데, '시ㄴ'의 경우에는 영어의 'she' 음이 만들어진다.

영어에서 'see'(보다)와 'she'(그녀)는 완전히 별개의 단어다. 단어의 맨 처음 자음을 발음 기호로 표시하면 'see'의 경우는 [s], 'she'의 경우는 [ʃ]다. 요컨대 영어에서 [s]와 [ʃ]는 제각각이 단어를 만들어내는 음의 단위, 즉 음소가 된다. 그러나 일본어에서는 [s]와 [ʃ]의 차이는 의미가 다른 별개의 단어를 만들어내지 않는다. 그러므로 일본어에서 이 두 가지 음은 별개의 음소가 아니라 /s/라는 동일한 자음의 동료로 간주되는 것이다.

쓸데없는 것을 찾아 제거한다

아이들이 자력으로 단어를 발견하기 위해서는 모국어의 음소를 발견해낼 필요가 있다. 예를 들어 영어를 모국어로 하는 아이가 [s]와 [ʃ]가 별개의 음이라는 사실을 모른다면 'see'와 'she'를 별개의 단어로 인식할 수 없다(일본인들은 [s]와 [ʃ]를 별개의 음소로 구별하고 있지 않기 때문에 귀로 들으면 'see'와 'she'를 별개의 단어로 구별하기가 어려운 것이다).

그렇다면 아이들은 어떻게 모국어에서 사용되는 음소를 배울까. 실은 음소 자체는 '배울' 필요가 없다. 유아들은 태어났을 때 이미 자신의 모국어가 될 언어는 물론, 그 이외의 모든 언어에서 사용되는 모든 음소의 차이를 구별할 수 있는 능력을 가지고 있기 때문이다. 그러나 첫돌 무렵이 되면 모국어에서는 사용되지 않는 음소를 인식할 수 없게 된다. 일본인에게는 영어의 'r'과 'l'의 구별이 어렵다는 이야기를 자주 듣는데, 일본의 아기들은 8개월경까지는 이 두 음의 구별이 가능하다. 그러나 첫돌 무렵이 되면서부터 구별이 불가능해져 버리는 것이다.

모국어가 그 어떤 언어든, 생후 6~8개월까지는 음소를 음의 물리적인 차이에 따라 구별하고 있다. 그러나 그 후 수개월 동안 각 모국어의 특유한 음소 구별 방식을 몸에 익혀버리기 때문에 해당 모국어에서 불필요한 식별 능력이라면 잃어버리게 되는 것이다. 바꿔 말하자면 쓸데없는 것에 주의를 기울이지 않게 되는 것이다. 요컨대 학습이란 단순히 자잘한 구별을 아주 잘 할 수 있게 되는 것만이 아니다. 쓸데없는 것을 버리는 것도 중요하다.

왜 버리는 것일까. 우리들이 어떤 상황에서 뭔가를 판단하거나 문제를 해결하려고 할 때 외계에는 무한한 정보가 존재한다. 그러나 우리들은 정보가 무한하다고는 생각하지 않는다. 무의식적으로 무한한 정보들(외계에 존재하는 사물이나 사건, 음 등) 중 취사선택해서 당장 처리해야 할 정보만을 받아들이고 있기 때문이다.

제1장에서 대부분의 사람들이 500엔 동전의 상세한 그림 문양을 기억하지 못한다는 사실을 언급했다. 이것은 인지의 구조를 반추하면 무척이나 합리적인 일인 것이다. 동전의 종류를 구분하기 위해서는 색이나 크기, 형태를 알면 충분하다. 문양은 동전을 사용하기 위해 꼭 필요한 정보가 아니기 때문에 애써 거기에 주의를 기울이지 않는 것이다. 첫돌 이전의 유아가 자신의 모국어에서 불필요한 음소의 구별에 주의를 기울이지 않게 된다는 것은 모국어 학습을 효율적으로 하고 모국어에 숙달되어가는 데 합리적인 프로세스라고 할 수 있다.

단어의 뜻을 배우는 법을 배운다

단어의 의미는 가르칠 수 없다

많은 사람들은 아이들이 단어의 의미를 어른들에게 배운다, 혹은 어른들이 사용하고 있는 것을 흉내 내면서 배운다고 생각한다. 분명 성인이 외국어를 학습할 경우, 선생님이 단어의 의미를 가르쳐주거나 스스로 사전을 사용해서 배울 수 있다.

예를 들어 'rabbit'이란 영어 단어를 영일사전에서 조사해보면 '토끼ウサギ'란 번역이 게재되어 있다. 성인이라면 '토끼'가 무엇을 가리키는지, '토끼'란 어떤 동물인지를 알고 있기 때문에 곧바로 'rabbit'의 의미를 알 수 있다. 그러나 애당초 해당 단어가 의미하는 개념을 가지고 있지 않은 아이에게 말만 가지고 '토끼'에 대해 가르치는 것은 불가능에 가깝다.

이것은 아이들이 언어를 배울 때 공통적으로 존재하는 문제이기도 하다. 아이들은 자주 "정리를 잘 하렴"이라는 소리를 듣는다. 그러나 '정리하다'란 행위는 '토끼'보다 더더욱 추상적이다. 정리할 대상은 장난감, 식기, 책, 음식물 등 여러 가지다. 정리할 장소도 정리 방식도 일률적이지 않다. 그런 행위를 하나하나 관찰해도, 행위자가 어떤 의도를 가지고 무엇을 위해 그런 행위를 하는지 이해할 수 없다면, 조금 전 관찰한 특정 행위의 흉내까지는 낼 수 있다 해도, '정리하다'란 개념 자체를 학습하는 것은 불가능하다.

아이들이 말을 배울 수 있는 것은 어른들이 잘못된 부분을 고쳐주기 때문이라고 생각하는 사람들도 많다. 그러나 실제로는 어른들이 아이들이 하는 말의 잘못을 정정하는 경우는 좀처럼 드물다. 애당초 부모는 아이가 잘못된 발화를 해도 아이들의 의도를 파악하는 데 매우 능숙하기 때문에 대체적으로 아이의 오류를 정정하지 않은 채 아이 말에 응답하거나 원하는 것을 가져다준다.

그럼에도 불구하고 아이들은 어떤 새로운 단어를 들었다면 별개의 또 다른 상황에서 그 단어를 사용하고, 설령 사용에 다소 오류가 있더라도 전반적으로 단어의 뜻에서 크게 벗어나지 않는 경우가 많다. 요컨대 아이들은 단 하나의 사례로부터 대략적으로나마 단어의 의미를 스스로 파악해낼 수 있으며, 나아가 그 단어가 사용되는 범위도 그 순간 대략적으로 판단하고 있는 것이다.

그렇다면 어린아이는 난생 처음 듣는 단어의 범위를 어떻게 추론하는 걸까. 결론을 먼저 말하자면 태어난 지 1년 6개월이 지나면, 아이들은 '지레짐작'을 해서 단어들이 가리키는 대상과 범위를 곧바로 결정해버리고 이에 대해 더 이상 고민하지 않는다.

예를 들어 엄마가 파란 도기로 된 컵을 가리키며 "이게 컵이란다"라고 하는 말을 아이가 들었다고 치자. 그러면 아이는 색이나 소재나 크기가 달라도 비슷한 모양을 한 것에 대해서는 '컵'이라는 단어를 사용한다. 형태가 다른 파란 물건이나 도기로 된 물건(파란 미니카나 도기로 된 접시)에는 '컵'이란 말을 사용할 수 없다고 생각한다. 요컨대 아이는 자신의 내면에서 '형태 룰'이라고 부를 만한, (자신이 경험했던) 말과 특정한 것의 결합을 일반화하기 위한 룰을 가지고 있다.

아이가 '형태 룰'을 이용하여 모르는 단어의 의미를 스스로 추측한다는 것은 필자가 직접 행한 실험을 통해 알 수 있었다. 그림 2-1을 봐주길 바란다. 이 실험에서는 두 살짜리 어린이에게 일상적으로 좀처럼 볼 수 없는, 아마도 이름조차 알 수 없는 동물 인형을 보여준 후, 그걸 가리키며 "이것은 네케라고

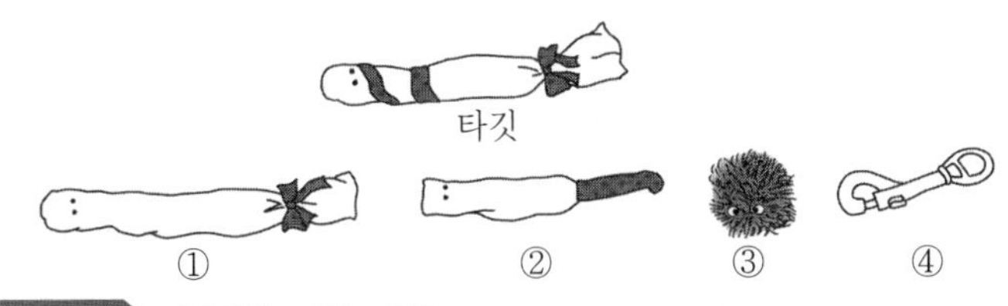

그림 2-1 '네케'는 어느 것?(Imai & Haryu, 2001)

하는 거란다"라고 가르쳐주었다. 아이가 '네케'란 음과 손가락으로 가리킨 물건과의 연결을 기억하면 그 인형을 일단 숨긴다. 그리고 이것과는 다른 네 가지 물건과 이름을 붙인 네케의 인형을 아이 앞에 보여주며 "네케를 주세요"라고 말한 뒤, 그것을 다섯 개 안에서 고르게 했다.

그런데 일본어에서는 영어처럼 고유명사와 보통명사를 명시적으로 구별하지 않는다. 영어에서는 'This is a neke'라는 문장을 통해 'neke'를 들으면 그것은 보통명사이기 때문에 다른 것으로도 일반화된다는 것을 알 수 있다. 'This is neke'라는 문장을 들으면 '네케'가 고유명사라고 추측된다. 하지만 일본어의 경우 "이것은 네케란다"라는 말을 들었을 때 '네케'가 고유명사인지 보통명사인지 분명치 않다. 그 때문에 '네케'란 말을 다른 물건에 사용할 수 있는지의 여부가 명확하지 않다.

그런데 두 살짜리 일본 아이들은 일본어가 가지는 이런 애매한 성질을 느끼는 시늉조차 없이 '네케'를 어른이 직접 가르쳐준 대상에만 한정하지 않고 너무나 당연하다는 듯이 다른 물건도 골랐다. 요컨대 일본 아이들은 일본어가 문법에서 가산명사와 고유명사를 구별하지 않아도 처음 보는 물건에 처음 듣는 이름이 붙여지면 그것은 특정한 개체를 가리키는 고유명사가 아니라 보통명사라고 하는 '지레짐작'을 가지고 있다는 것을 알 수 있었다.

그러나 다른 물건에 사용할 수 있다고 알고 있는 것만으로는 올바른 일반화가 불가능하다. 이 실험은 아이가 어떤 기준에 따라 단어의 범위를 정하는지 알기 위해 디자인되었다. 아이가 '형태 룰'에 따라 맨 처음 이름을 붙였던 것을 여기서는 '타깃'이라 부르기로 하겠다.

여기서 그림 2-1의 ①은 타깃과 전체의 형태나 크기, 색, 모양도 비슷하며 액세서리 같은 부속물로만 구별이 가능하다. ②는 타깃과 전체적으로 형태는 비슷하지만 크기나 색, 모양은 다르게 했다. ③은 딱 보기에도 전혀 다른, 별개의 동물 인형이었다. ④는 동물이 아니라 인공물로 타깃과 비슷한 점이 전혀 없었다.

두 살짜리 아이들은 ①과 ②, 요컨대 맨 처음 '네케'라고 배웠던 대상과 형태가 비슷한 것을 '네케'라고 부르고, ③과 ④처럼 형태가 확연히 다른 물건은 '네케'의 대상으로 고르지 않았다. 아이들은 자기가 모르는 단어로 낯선 물건을 보여주어도 색깔이나 크기, 모양 등이 아니라 '형태'에 주목하는 것이다. 요컨대 형태가 비슷한 것에 대해서 그 단어를 일반화하는 '형태 룰'을 가지고 있으며 그것을 이용해서 처음 듣는 단어의 의미 범위를 결정하는 것이다.

▬ 형태 룰을 어떻게 배우는가

그렇다면 형태 룰은 어떻게 학습되는 것일까. 아이들이 처음부터 형태 룰을 가지고 있는 것은 아니다. 말을 하기 시작하고 나서 처음 몇 개월간, 아이는 재미있는 실수를 한다. 예를 들어 바깥에 눈이 쌓여 있는 것을 보면서 "눈이네"라는 소리를 들은 적 있는 아이가 마루에 떨어진 타월이나 쏟아진 우유를 보고도 '눈'이라고 하는 경우가 있다. 지면에 있는 하얀 것은 모두 '눈'이라고 생각하는 듯하다. 혹은 '달님'이라는 단어를 배운 아이가 그레이프프루트나 레몬을 통째로 썬 것이나 둥그런 괘종시계, 크루아상, 빛이 닿아 반짝거리는 잎사귀도 '달님'이라고 부르는 경우가 있다.

요컨대 맨 처음 단계에서 아이들은 어떤 단어와 최초로 연결된 물건과 '비슷한 것들'—형태이거나 색깔이거나 감촉이거나—에 대해 닥치는 대로 해당 단어를 사용하고 본다. 아이들은 이 시기에 막 외우기 시작한 하나하나의 단어들이 어떤 기준의 '비슷한 것'에 사용될 수 있는지, 동일한 단어로 불리는 것들은 어떤 특징을 공유하고 있으며 어떤 점이 다른지 탐색하고 있다. 그것은 새로운 단어를 들었을 때 해당 단어를 다른 상황에서도 사용해보기 위한 수단으로 삼기 위해서다. 형태 룰이란 그 결과, 아이가 스스로 발견한 것이다.

참고로 형태 룰은 '스키마'라고 할 수 있다. 언어 학습의 경험을 통해 말이란 이런 식으로 성립된다는 것, 형태를 실마리로 지금 들은 말을 다른 상황에서도 사용할 수 있다는 것 등의 언어 학습에 대한 스키마를 아이들이 만들었던 것이다. 새로운 단어를 사용할 수 있는 범위를 정하기 위한 실마리를 발견하고 스키마를 만들면, 곧바로 그것을 새로운 단어를 기억하는 과정에 사용한다. 형태가 비슷한 것을 보면 곧바로 그 형태 룰을 사용하여 말의 의미 범위를 추론하고 그것을 기억한다. 그리고 나아가 새로운 단어들을 외워나간다. 실험을 통해 알게 된 것은 아이가 낯선 단어의 의미를 스스로 생각해서 외우고 어휘를 성장시켜갈 때의 구도라고 할 수 있다. 실제로 아이는 형태 룰을 이용해서 새로운 단어를 평균적으로 1일 10개 정도씩 외워가며 어휘를 폭발적으로 늘려가는 것이다.

아이는 귀로 듣는 언어를 그저 '흘려듣는' 것이 아니라 샅샅이 분석하고 어휘에 내재된 패턴을 발견하며 언어 학습에 대한 스키마를 만든다. 스키마에 의해 학습은 그 속도를 높여간다. 바꿔 말하면 어휘 학습에서 가장 중요한 것은, 하나하나의 단어의 의미를 외우는 것에 머무르지 않고, 새로운 단어의 의미를 재빨리 짐작하며 어휘를 늘려가기 위한, '배우는 방식의 배움'을 학습하는 것이다.

chapter
3.

지식의 시스템을 구축한다

시스템 구축의 수수께끼

말의 의미를 배운다는 것은 하나하나의 단어가 가리키는 대상 하나만 아는 것으로는 불충분하다. 어떤 단어를 제대로 사용하기 위해서는 그 단어가 가리키는 의미 범위까지 알아야 하기 때문이다. 그러나 단어의 의미가 가리키는 범위는 하나의 단어만으로 결정되지 않는다. 각각의 단어의 경계는 그 영역에 속하는 다른 단어들과의 관계에 의해 결정되기 때문이다.

예를 들어 '파랑'이란 색의 범위는 '파랑'과 인접한 색인 '보라'나 '엷은 남색', '초록색' 등과의 경계에 의해 결정된다. 일본어의 '입는다'란 동사의 의미를 이해하고 사용법에 맞게 사용하기 위해서는 '입다', '신다', '걸치다' 등의 차이를 구분할 수 있어야 한다.

요컨대 어휘는 방대한 단어들로 구성된 거대한 시스템인 것이다. 시스템으로서의 어휘를 익히기 위해서는 단어 하나하나의 고유한 의미를 배우는 것만으로는 불충분하다. 단어끼리의 관계를 배우고 시스템을 만들어갈 필요가 있기 때문이다. 그 과정 속에서 비슷한 단어들이 제각각 어떻게 다르며, 그 두 단어의 경계에 대해 어떻게 선을 그을 수 있는지 파악해가는 것이 특히 중요하다. 아이들은 어떻게 단어끼리의 관계를 배우고 시스템을 구축하는 것일까.

___ 다른 단어는 다른 의미를 가진다는 지레짐작

성인들도 일상생활을 하다가 여태까지 몰랐던 새로운 단어를 접할 기회가 종종 있다. 예를 들어 눈앞에 고양이가 있을 때 옆의 친구가 "아, 가히구가 있네"라고 말했다고 치자. 여러분은 의아하게 생각하며 "눈앞에 있는 것은 내가 아는 한, 아무리 봐도 고양이다. 그런데 왜 친구는 '가히구'라고 부르는 거지?"라고 생각할 것이다. 그리고 "고양이 주인이 '가히구'라는 이름을 붙여준 고양인가?" 혹은 "고양이 중에서도 특히 '가히구'란 품종의 고양이인가?" 어쩌면 "혹시 내가 모르던 새로운 품종의 고양이가 나온 건가?"라는 식으로 생각하지 않을까?

요컨대 여러분은 자신이 알고 있는 '고양이'란 개념과 대비시켜가며 '가히구'라는 새로운 단어의 의미에 대해 모색할 것이다. 이것은 성인의 경우, 단어의 중요한 성질, 즉 하나의 단어는 다른 단어와 구별되는 의미를 가진다는 것을 알고 있기 때문이다.

▬ 알고 있는 단어와 연관시킨다

단어끼리의 관계에는 어떤 것이 있을까? 우선 '대비의 관계'가 있다. '고양이'와 '토끼', 혹은 '사과'와 '바나나'는 서로 대비적인 관계에 있다. '고양이'의 카테고리에 들어오는 것은 '토끼'

가 아니며, '사과'라고 불리는 것은 '바나나'일 수 없다.

그에 비해 '동물'이나 '애완견'은 '고양이'도 '토끼'도 '개'도 포함하는, 보다 포괄적인 카테고리다. 이에 비해 '아메리칸 숏헤어'나 '치와와'는 각각 '고양이', '개'의 카테고리에 포함되는 특정한 품종의 고양이, 개를 가리킨다.

어떤 아이가 지금까지 들어본 적 없는 생소한 단어를 들었을 때, 그 단어와 연결된 대상이 완전히 생소한 경우만 있는 것은 아니다. '바나나'를 가리키고 있는데 '과일'이라는 답변을 듣는 경우도 있다. 눈앞에 있는 것은 분명히 '사과'인데 '부사'나 '홍옥'이라는 답변을 듣는 경우도 있다. 요컨대 아이는 '바나나'와 '과일'이 어떤 관계에 있는지, '사과'와 '부사', '홍옥'이 어떤 관계에 있는지도 판단해야 하는 것이다.

아이들은 이런 상황에서도 그다지 망설이지 않는다. 두 살 정도가 되면 아이들은 앞서 언급했던 것처럼 두 가지 상이한 단어가 완전히 똑같은 의미를 가지는 경우는 없다는, 어휘의 일반적 성질을 알아차리게 된다. 이것도 어휘에 대한 스키마라고 할 수 있다.

생소한 대상에 대해 낯선 단어를 들으면, 아이들은 그것을 보통명사라고 생각하고, 그것과 형태가 비슷한 다른 것에 대해서도 그 단어를 사용한다. 하지만 예를 들어 '펭귄'이라고 이미 알고 있는 동물을 손가락으로 가리키며 "이것은 헤쿠라고 한단다"라고 생소한 단어로 표현하면, 아이들은 '헤쿠'라는 것은, 타깃이 된 '펭귄'에게 부여된 특정한 이름, 즉 고유명사라고 생각한다. 요컨대 두 살 정도 되는 아이들은 '헤쿠'는 '펭귄'과 다른 의미의 말이라고 생각하는 것이다.

그뿐만이 아니라 아이들은 동물들의 경우 고유한 이름을 가지지만, 인공물의 경우 고유한 이름을 가지지 않는다고 알고 있다. 타깃을 바꾸어보자. 이미 이름을 알고 있는 인공물, 예를 들어 '컵'으로 타깃을 바꾸어 "이것은 헤쿠라고 한단다"라고 어떤 아이에게 말해본다. 그러면 이번에는 '헤쿠'를 고유명사라고 생각하지 않고 '종이컵'처럼 일반적인 '컵'보다 좁은 범위의 의미를 가진 단어로 해석한다. 두 살 정도가 되면 이미 아이들은 '펭귄'이나 '고양이' 같은 동물에게는 '포치'나 '타로'와 같은 고유명사의 이름이 붙는다는 사실을 알게 되는 한편, '컵'이나 '공' 같은 인공물에는 '포치'나 '타로' 등 고유명사를 붙이지 않는 것을 알게 된다. 그런 지식을 생소한 단어의 의미를 추측할 때 사용하는 것이다.

▬ 알고 있던 단어의 의미를 수정한다

아이가 추론한 의미가 항상 올바르다고는 단정 지을 수 없다. 예를 들어 '고래'라는 단어는 알지만 '돌고래'는 모르는 아이가 있다고 치자. 이 아이가 돌고래를 '고래'라고 부를지도 모른다는 것은 충분히 상상할 수 있는 일이다. 실제로 그런 예는 일일이 이루 다 열거할 수 없을 정도다. 예를 들어 한 살부터 두 살 사이의 아이가 말을 하기 시작했을 때, 개를 '멍멍'이라고 부를 뿐만 아니라 고양이나 소, 사자까지 '멍멍'이라고 부르는 경우를 빈번히 볼 수 있다.

이름을 알고 있는(알고 있다고 아이가 생각하고 있는) 물건에 새로운 이름을 붙였을 때, 그 이름이 해당 물건의 특정한 종류를 가리키는 경우도 있는가 하면(치와와지만 개이기도 하다), 그와 대비의 관계에 있는(돌고래지만, 고래는 아니다) 경우도 있다.

아이들은 이 두 가지 경우를 구별해가며 새로운 단어와 이미 알고 있는 단어와의 관계를 생각해야 한다. 그리고 실제로 아이들은 새로운 단어를 들으면 그 단어의 의미를 생각할 뿐 아니라 그 단어와 관계된, 이미 알고 있는 단어의 의미도 함께 생각한다. 또한 필요하다면 이미 '알고 있던' 단어의 의미를 수정하고 업데이트도 한다. 그것은 다음과 같은 실험을 통해 알 수 있었다. 아까 언급했던 '컵'의 예와 마찬가지로 이번에는 '공'이란 단어를 알고 있는 아이에게 "이것은 헤쿠라는 것이란 다"라고 가르쳐본 것이다.

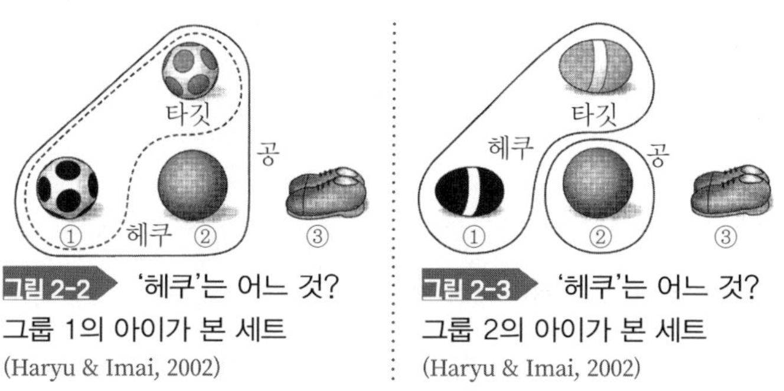

그림 2-2 ▶ '헤쿠'는 어느 것?
그룹 1의 아이가 본 세트
(Haryu & Imai, 2002)

그림 2-3 ▶ '헤쿠'는 어느 것?
그룹 2의 아이가 본 세트
(Haryu & Imai, 2002)

이 실험에 참가해준 아이들은 두 그룹으로 분리되었다. 그룹 1의 아이들에게는, 앞서 소개했던 '네케'의 실험에서처럼, 흔한 구형의 공을 손가락으로 가리키며 "이것은 헤쿠라는 것이란다"고 가르쳤다(그림 2-2). 한편 그룹 2의 아이들에게는 좀처럼 공의 형태로는 보이지 않는 어떤 물건(계란형 공)을 손가락으로 가리키며 "이것은 헤쿠라는 것이란다"라고 가르쳤다(그림 2-3). 양쪽 그룹의 아이들 모두, "이것은 헤쿠라는 것이란다"라는 표현을 듣기 전까지, 타깃에 대해 '공'이라고 부르고 있었다.

이때 준비한 것은 ①'헤쿠'라고 가르쳐준 타깃과 형태와 문양이 똑같은 것, ②이름이 붙어 있지 않은 공 형태의 것(전형적인 공의 형태를 한 것), ③공이라고는 부를 수 없는 것(신발)이다. 그리고 타깃을 손가락으로 가리키며 "이것은 헤쿠라는 것이란다"라고, 아마도 처음 들었을 생소한 단어 '헤쿠'에 대해 말해준 후, "그럼 헤쿠는 어느 것이지?"하고 아이에게 물었다. 그와 동시에 '헤쿠'라는 단어가 ①에서 ③ 중의 어느 것을 가리키는지도 물어보았다.

그러자 두 그룹의 아이들은 서로 상반된 반응을 보였다. 그룹 1의 아이들은 '헤쿠'라는 것을 '공'의 하나의 일종으로 해석했다. 요컨대 '헤쿠'라는 단어는 타깃과 비슷한 형태인 ①에 대해서만이 아니라 ②에 대해서도 사용할 수 있다고 생각했다. 한편 그룹 2의 아이들은 똑같은 계란형을 한 ①을 '헤쿠'라고 불렀는데, ②에 대해서는 '헤쿠'라고 부르지 않았다. 그뿐만 아니라 심지어 타깃인 계란형 공에 대해서 '공'이라고 부르는 것을 그만두어버렸던 것이다.

그룹 2의 아이들은 '헤쿠'라는 말을 배울 때까지는 타깃인 계란형 공을 분명 '공'이라고 부르고 있었다. 그런데 '헤쿠'라는 새로운 단어를 알게 된 후에는 "저것은 헤쿠니까, 공이 아니다"라고 해석하게 되었던 것이다. 요컨대, 어떤 사물의 이름은 형태가 비슷한 것에 붙는다는 '지레짐작'으로 계란형 공을 '공'

이라고 부르는 것이 어쩐지 찜찜했었는데, 그런 와중에 '헤쿠'라는 새로운 단어를 배웠기 때문에 이미 알고 있던 '공'이란 단어의 범위까지 수정해버렸던 것이다.

아이들은 새로운 단어를 외우면, 나아가 그 단어를 새로운 단어의 의미를 추측하기 위해 쓴다. 또한 이미 알고 있던 단어의 의미에 대한 수정에도 사용한다. 아이들은 하나하나의 단어의 의미를 생각할 때, 단어는 항상 다른 단어들과 관련시킬 수 있는 것이라고 의식하고 있다. 다르게 표현하자면 아이들은 어릴 적부터 이미 단어는 어휘라는 시스템을 구성하는 하나의 요소라는 사실을 이해하고 있는 것이다. 그뿐만 아니라 새로운 단어들을 들을 때마다 그 시스템 안에 합리적으로 안착될 수 있도록 단어의 의미를 파악하려고 한다.

아이들이 모국어를 빨리 사용할 수 있게 되는 이유는, 언어에 관한 어떤 지식이든 그 지식이 시스템이라는 것을 상정하고 그 단서를 스스로 알아내며, 지식을 넓혀가는 방식을 발견해가는 동시에 통합된 시스템을 창출해내고 있기 때문인 것이다.

chapter 4

개념의 창출

＿ 말을 통해 새로운 지식을 만든다

단어를 기억하는 것은 단순히 소통을 위한 도구를 얻었다는 것에 머무르지 않는다. 아이들은 단어를 기억하면 그것을 통해 지금까지 가지고 있지 못했던 개념—특히 눈으로 직접 볼 수 없는 추상적 개념—을 스스로 만들어낸다. 그런 예 중 하나가, 숫자를 나타내는 단어를 외움으로써 '수의 개념'을 창출해내는 것이다.

수는 양과 다르다. 양은 많다거나 적다거나, 겉모습이나 그 무게로 감각적으로 파악할 수 있다. 그러나 수를 나타내는 단어는 항상 특정 단어가 정확하게 특정 숫자를 가리킨다. 또한 숫자는 무척 추상적인 개념이기도 하다. 어떤 접시에는 바나나가 여덟 개 놓여 있고, 또 다른 접시에는 바나나가 아홉 개 놓여 있다. 또 다른 접시에는 쿠키가 여덟 개 있다. 이때 언뜻 봐서 비슷하게 보이는 것은 바나나가 놓여 있는 두 개의 접시다. 하지만 숫자라는 측면에서 똑같은 것은 오히려 바나나 여덟 개와 쿠키 여덟 개가 있는 쪽이다.

숫자를 나타내는 단어를 외우기 전의 유아라도 세 개 정도까지라면 각각의 수의 차이를 인식할 수 있다. 하지만 네 개 이상이 되면 '많이'라는 '양'으로 파악해버린다. 즉 4와 5나, 6이나 7이 '다른 숫자'라는 사실을 이해하지 못하는 것이다.

아이들은 2세 정도부터 '하나', '둘', 혹은 '1', '2'라는 수를 나타내는 단어를 말하기 시작한다. 하지만 이 시기의 아이들은 '2', '3', '4'가 숫자를 나타내는 단어라는 것을 알고 있지만 각각의 숫자를 나타내는 단어의 의미를 깊이 있게 이해하지 못하는 경우가 많다. '2'라는 단어가 꼭 두 개의 사물에 대응하는 것은 아니고, '3'도 세 개의 사물에 대응하지 않는다.

아이들은 맨 처음에는 '1' 혹은 '하나'가 어떤 하나의 사물에 대응한다는 것을 배우는 것 같다. 즉 '1'의 의미를 우선 획득한다. 이 시점에서 '2'는 정확하게 '2'가 아니라 '1보다 많은 수'라는 의미로 파악되고 있다. 한동안 시간이 흐른 후 두 살 반부터 세 살 정도가 되면 '2'는 '1과 1', 즉 두 개의 사물의 집합이라는 것으로 연결된다. 즉 '2'라는 단어는 막연히 '1보다 많은 수'라는 인식이 바뀌어, 정확하게 두 개의 사물과 관련지어진다.

그리고 나서 수개월이 지나면 아이는 '3'의 의미도 '하나의 것, 또 하나의 것, 그리고 또 하나의 것'이라는 집합을 의미한다는 사실을 알아차리고, 나아가 '2'에 또 하나의 사물이 첨가된 집합이라는 사실도 눈치 챈다. 요컨대 여기서 '2'는 '1'보다 정확하게 하나 많고, '3'은 '2'보다 정확하게 한 개 많다는 인식을 획득한다.

그러나 '1', '2', '3'으로 끝나지 않는다. 아이들은 제각각의 숫자를 나타내는 단어가 정확하게 사물의 수에 대응한다는 것을 일단 한번 이해하면, 이번에는 그것이 숫자 모든 것에 대해서도 마찬가지라는 사실을 간파한다. 8과 9든, 800과 801이든, 각각 언뜻 보기에는 금방 구별되지 않는 것의 집합을 나타내는 숫자가 제각각 다른 숫자를 나타낸다는 사실을 이해할 수 있게 되는 것이다.

요컨대 숫자처럼 추상적인 개념이라도 단어를 발판으로 패턴을 배우고, '숫자라는 것에 대한 스키마'를 만든다. 그리고 나아가 그것을 '숫자 일반' 같은 추상적 개념으로 발전시킨다. 바꾸어 말하면, 말을 배우면, 말 사이에 숨어 있는 추상적인 관계에 대해 알아차리게 되고, 그것을 통해 숫자처럼 추상적인 개념을 이해할 수 있게 된다. 여기서도 아이들은 배운 지식을 바탕으로 새로운 개념을 배우고 창출해내고 있는 것이다.

특히 숫자에 대한 유아들의 이런 이해 방식은 무척이나 흥미롭다. 세계의 수많은 언어 중에는 숫자에 대한 명사를 1, 2, 3

정도까지밖에는 가지고 있지 않으며, 3개 이상은 '많이' 등의 단어로 처리해버리는 언어도 있기 때문이다. 이런 언어들에서는 사물에서 벗어난 추상적인 숫자라는 개념은 존재하지 않는다고 한다. 이런 점을 통해서도 숫자를 나타내는 단어가 양을 나타내는 단어와는 다른 '숫자'라는 추상 개념을 창출해내고 있다는 사실을 이해할 수 있다.

▬ 누구든지 가능한 살아 있는 지식의 학습

지금까지 '배우는 방식을 배운다'는 것에 대해 언급해왔다. 학습을 통해 학습 방식을 배우고 동시에 지식을 넓혀간다. 학습한 지식은 새로운 것에 대한 학습에 곧바로 활용된다. 아이들은 특수한 사정이 없는 한, 누구든 언어라고 하는 지극히 복잡하고 거대한 지식의 시스템을 창출해낼 수 있다. 이것은 인간이 얼마나 훌륭한 학습 능력을 가진 생명체인지를 단적으로 드러내고 있다. '살아 있는 지식의 학습'은 특별한 사람에게만 가능한 특별한 것이 아니라 누구나 당연히 이미 하고 있는 것이다.

그러나 지식이 학습에 있어서 마이너스가 되는 경우도 있다.

거듭해서 언급해왔던 것처럼 사람들은 스스로 스키마를 만들고 스키마라는 필터를 통해 사물을 관찰하고, 해석하고, 생각하고, 기억하기 때문이다. 그러나 스키마는 경험적으로 만들어진, 이른바 '지레짐작'이기도 하다. 때문에 항상 올바른 것은 아니다.

앞서 아이들은 일단 잠정적으로 이해하고 있던 단어의 의미를 유연하게 수정할 수 있다고 언급했다. 그러나 사물을 파악하는 틀인 스키마가 애당초 잘못되어 있으면 학습은 어려워진다. 이 점은 다른 분야에서도 일어날 수 있는 일이다. 배우는 방식에 숙달된 사람이 되기 위해서 사람들은 잘못된 스키마, 요컨대 '지레짐작'이라는 지식을 극복하고, 그것을 뛰어넘어야만 한다. 제3장에서는 그런 지레짐작이 어떻게 학습을 방해하고 있는지 함께 생각해보기로 하겠다.

제3장
극복하지 않으면 안 되는 벽

―잘못된 스키마 극복―

제3장 극복하지 않으면 안 되는 벽
―잘못된 스키마 극복―

아이들은 자기 주변에서 일어나는 일을 그저 아무 생각 없이 바라보고만 있는 것은 아니다. 태어난 순간부터 자신이 관찰한 사건이나 경험을 나름대로 이치에 맞게 파악해보려는 강한 욕구를 가지고 있다. 이런 본능적 욕구에 이끌려 스스로가 관찰한 여러 가지 사건에 대해, 각각의 사건이 일어날 때에는 어떤 규칙성이 있는지, 어떤 인과 관계로 그 사건이 발생했는지를 납득하고 싶어 한다. 그 결과 태어난 것이 바로 '스키마'다.

단 스키마란 것은 '보통 이렇게 하면 잘 풀린다'는 식의 경험에 따른 것이지, 결코 올바른 것이라고 단정 지을 수 없다. 어떤 현상의 법칙을 과학적으로 이끌어내는 과정이란 여러 가지 요인, 특히 직접 눈으로 확인할 수 없는 요인들 사이의 관계를 고려하여 입증해가는 과정이다. 어린아이들이 만들어내는 스키마는 대부분의 경우 그러한 복잡한 요인을 고려하지 않은 채 눈에 띄는 현저한 특징에만 의거하여 직관적으로 만들어낸 '지레짐작 이론'이라 할 수 있는 것이다.

아이들은 그런 지레짐작 이론의 필터를 통해 어떤 현상을 바라보고 그에 맞는 정보를 취합한다. 스키마에 맞지 않는 정보는 무시한다. 그렇다면 스키마가 '착각'일 경우, 어떤 일이 벌어질까.

아기도 이해하는 물리 법칙

우선 자기 눈으로 보는 외계의 여러 현상에 대해 아이들은 어떤 스키마를 가지고 있는지에 관한 설명부터 시작하자.

'역학'의 이해

유아는 말을 시작하기 훨씬 이전부터 물체의 물리적 성질에 대해 직접적인 이해를 가지고 있다. 예를 들어 어떤 대상의 운동에 대해 아래와 같은 기본적 성질을 이해하고 있다는 것이

지금까지 축적된 연구 성과를 통해 분명히 드러나고 있다.

(1) 물체는 스스로 움직이지 않는다. 다른 힘에 의해 움직여지지
않는 한 동일한 장소에 계속 존재한다.

(2) 물체가 자신의 시야에서 벗어나도 해당 물체가 사라지는 것
은 아니다.

(3) 물체는 다른 물체를 통과할 수 없다(어떤 물체가 벽 같은 데 부닥칠
경우, 벽에 구멍을 뚫고 통과하지 않는 한 벽 앞에서 운동이 멈춰진다).

(4) 물체는 다른 힘이 가해지지 않는 한 스스로 그 형태를 바꾸
지 않는다.

(5) 하나의 물체는 전체가 동시에 움직인다(물체의 일부분을 붙잡으면
전체가 딸려 온다).

(6) 물체 운동은 연속적인 궤적을 취한다(순간이동이나 공간이동 등을
하지 않는다).

예를 들어 (3)의 성질에 대해서는 다음과 같은 실험으로 알
수 있었다. 생후 2개월된 유아에게 그림 3-1 같은 장면을 보
여준다. 받침대 위에 칸막이가 있다. 누군가가 칸막이가 있다
는 것을 확인시켜준 후 스크린이 올라가면 칸막이는 사라져버
린다. 여기서 공이 칸막이 쪽으로 향해 굴러가는 장면을 보게

되는데 칸막이는 스크린 때문에 보이지 않기 때문에 거기서 공이 멈추는 순간은 유아에게는 보이지 않는다. 이것을 몇 번이고 보게 되면 유아는 이 장면에 질려 더 이상 보려고 하지 않게 된다. 이것을 '순화馴化(생물이 환경 변화에 보이는 적응이나 순응-역자 주)'라고 한다.

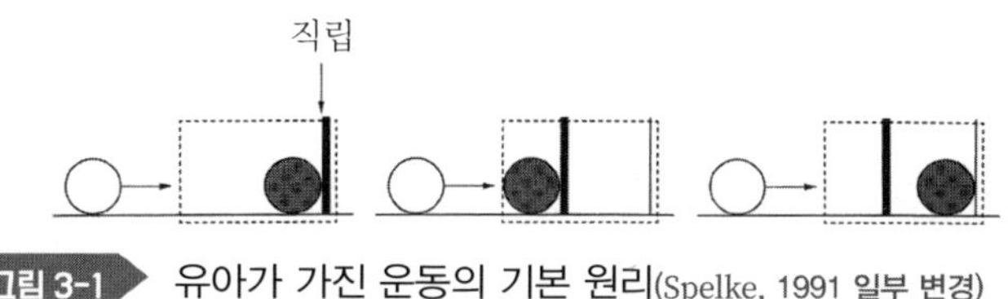

그림 3-1 유아가 가진 운동의 기본 원리(Spelke, 1991 일부 변경)

순화 후 테스트가 행해진다. 테스트에서는 공이 굴러가서 스크린 뒤쪽으로 움직인 후 스크린이 제거된다. 일어나고 있는 일이 법칙과 일치한 '일치 조건'의 유아는 공이 칸막이 직전에 있는 것을 본다(그림 3-1의 중앙). 법칙에 반한 장면을 보게 된 '불일치 조건'의 유아는 볼이 칸막이 반대편에 있는 것을 보게 된다(그림 3-1의 오른쪽).

만약 유아가 (3)의 법칙을 이해하고 있다면 일치 조건에서는 '순화'기에 예측했던 대로의 상황이 일어날 것이기 때문에 이미 싫증이 나버려 이 장면을 더 이상 보는 일은 없을 것이다. 그러나 '불일치 조건'의 유아는 예측이 어긋나기 때문에

‘싫증’에서 회복하여 ‘일치 조건’의 유아보다 오랫동안 해당 장면을 주시할 것이다. 그리고 실제로 불일치 조건의 유아만이 ‘싫증’에서 회복되어 장면을 주시했던 것이다.

사물의 존재에 대한 이해

제2장의 마지막 부분에서 숫자에 관한 말을 기억하기 전의 유아라도 세 개 정도까지라면 숫자의 차이를 인식할 수 있다고 언급했다. 하지만 그것만이 아니다. 세 개 정도의 숫자라면 생후 5개월된 유아의 경우, 덧셈과 뺄셈을 할 수 있다는 것을 다음과 같은 실험을 통해 알 수 있다.

생후 5개월된 유아에게 그림 3-2 같은 인형극 무대 장치를 보여준다. 거기에는 우선 인형이 하나씩 놓여 있다. 그 다음 스크린을 세우면 인형은 사라진다. 그리고 무대 뒤 장치로부터 손이 인형을 가지고 스크린 뒤로 들어왔다가 빈손이 돌아간다. 그러다가 무대를 가리고 있던 스크린이 내려간다.

1. 무대에
인형이 놓인다.

2. 스크린이
세워진다.

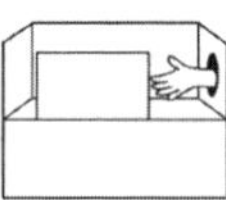

3. 두 개째의
인형이 더해진다.

4. 빈손으로
사라진다.

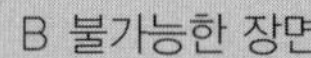

A 가능한 장면	B 불가능한 장면

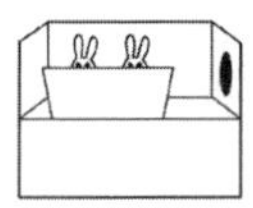

5. 스크린이 내려가고 인형이
두 개 나타난다.

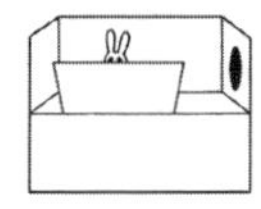

5. 스크린이 내려가고 인형이
한 개 나타난다.

그림 3-2 유아도 덧셈을 할 수 있다는 것을 보여주는 실험(Wynn, 1992 일부 변경)

　유아는 두 그룹으로 분리된다. 절반은 '가능한 장면'을, 나머지 절반은 '불가능한 장면'을 보게 된다. '가능한 장면' 조건의 유아는 인형이 두 개 있는 것을 본다. '불가능한 장면' 조건의 경우, 무대에 인형은 한 개밖에 없다. 만약 맨 처음 무대에 있었던 인형이 스크린으로 가려져 있어도 계속 존재한다고 유아가 믿고 있고, 인형을 집어든 손이 이번엔 빈손으로 돌아갔기 때문에 두 번째 인형은 스크린 뒤에 놓여 있을 거라고 생각했다면, 무대에는 두 개의 인형이 있을 거라고 추론할 것이다. 그에 대해, 자신이 보지 못한 곳에서 무슨 일이 일어나고 있는

지를 전혀 생각하지 않은 채, "보이지 않는 인형은 사라진 것이다"고 단순히 생각한다면, 인형이 하나든 둘이든 전혀 신경도 쓰지 않을 것이다.

불가능한 장면을 보게 된 유아는 가능한 장면을 본 유아보다 오랫동안 무대를 응시했다. 요컨대 유아는 자신의 시야에서 인형이 사라져도 인형의 존재를 기억하고 있다. 바꿔 말하면 거기에 있어야 할 인형의 수에 대해 생각할 수 있는 능력이 있는 것이다.

chapter 2.

잘못된 스키마

___ 수에 대한 지레짐작

이번엔 잘못된 스키마에 어떤 것들이 있는지 살펴보자.

아이들은 '하나', '둘', '셋' 정도의 수에 관한 단어를 기억하면 숫자를 나타내는 단어가 대략적인 양을 나타내는 것이 아니라 '정확한 수'에 대응하는 것임을 자연스럽게 이해할 수 있다.

이에 대해서는 제2장에서도 언급했다. 하지만 이것은 아이들이 숫자라는 것을 자연수로만 이해하고 있음을 의미한다.

'수는 자연수'라는 스키마는 물론 오류다. 1과 2 사이, 2와 3 사이, n과 n+1 사이에 무한한 수가 존재한다. 하지만 1과 2 사이에 존재할 수 있는 무한한 숫자는 일상적인 관찰에서는 경험할 수 없는 대상이다.

아이들은 일반적으로 나눗셈을 잘 못한다. 덧셈, 뺄셈, 곱셈까지는 그다지 고생하지 않았지만 나눗셈에서 좌절하여 수학에 대해 자신감을 잃어버리는 아이들이 무척 많다. 이것은 나눗셈이 전제로 하고 있는 개념이 '수=자연수'라는 스키마와 모순되기 때문이다. 단순한 계산 방식으로서가 아니라 개념으로서 나눗셈을 이해하기 위해서는 태어난 후 계속 자연히 배양되어 온 지레짐작을 대폭 수정하여 '수' 개념의 토대부터 다시금 구축해야 한다.

"수는 사물에 대응하는 자연수다"라는 잘못된 스키마는 나눗셈에 대한 이해를 어렵게 할 뿐 아니라 비율이나 퍼센트, 밀도 개념 등에 대한 이해도 어렵게 한다.

___ 작고 가벼우면 무게가 없다?

우리들은 사물의 무게를 손으로 들어서 느낄 수 있다. 눈으로 봐도 어느 정도 판단이 가능하지만 겉보기와 전혀 다른 경우도 종종 있다. 돌처럼 보일 정도로 똑같이 만들어 놓은 발포 스티롤(스티로폼)을 들었을 때, 생각했던 것보다 훨씬 가벼워서 아이들도 깜짝 놀란다.

매우 작은 사물(예를 들어 모래 알갱이나 소금 등)은 손으로 집어보아도 거의 무게가 느껴지지 않지만, 그 나름의 부피나 무게가 있다는 사실을 성인들이라면 익히 알고 있다. 하지만 아이들은 무게를 느낄 수 없을 정도로 작게 만들어버리면, 해당 사물의 무게가 없어져 버린다고 자칫 생각할 수 있다. 어떤 실험에서는 4세부터 12세까지의 아이들에게 작은 철 덩어리를 보여주고 "이것을 절반으로 나눈다면 여전히 무게가 있을 거라고 생각하니?"라고 물었다. 아이들은 철 덩어리라면 절반으로 해도 여전히 무게가 있다고 말한다. 하지만 그것을 절반으로 계속 나누어간다면, 마지막에는 작은 알갱이가 되어버리고, 작은 알갱이에는 무게도 부피도 없다고 생각하는 아이들이 12살짜리 중에도 상당수 있었다.

한편 발포 스티롤이라면 "애당초 무게가 없다"고 생각하는 아이들이 많다. 이 실험에서도 4살짜리 유아 중 약 70%가 발포 스티롤의 경우 아무리 커다란 덩어리라도 무게가 없을 거라고 답변했다. 또한 작은 조각이 되면, 4세가 아니라 6세가 되어도 100%의 아이들이 "무게가 없다"고 대답했다. 그뿐만 아니라 계속 절반으로 나누어 눈에 보이지 않을 정도로 작아져 버리면 어떻게 되겠느냐고 묻자 절반 정도의 아이들은 "무게가 사라지고 부피도 없어진다"고 대답했다. 사물을 아무리 분할해서 눈에 보이지 않을 정도까지 되어도, 무게나 부피는 여전히 존재한다는 사실을 납득할 수 없는 것이다.

밀도는 아이들이 가장 이해하기 어려워하는 개념 중 하나다. 밀도는 크기나 무게와 무관하게 물질에 따라 제각각 일정하다. 요컨대 5센티미터 철 덩어리나 5밀리미터 철 덩어리나 밀도는 마찬가지다. 이것은 아이들에게는 납득하기 어려운 사실이다. 아이들은 경험을 통해 큰 것은 무겁고 작은 것은 가볍다고 생각하고 있다.

밀도는 질량을 부피로 나눔으로써 구해진다. 나눗셈에 서투르면 그것만으로 밀도에 대한 이해가 어려워진다. 일반적으로 밀도 문제는 퍼센트나 비율의 연장으로 다루어진다. 계산 방식은 배우지만 밀도에 대한 개념 자체가 자세히 설명되는 경우는 별로 없는 것 같다. 밀도 문제에 아이들이 쩔쩔매고 있으면

“공식을 제대로 외워”라고 말하는 경우가 많다. 그러나 밀도가 어려운 것은 공식을 외우지 못했기 때문이 아니다. 근본적으로 잘못된 스키마를 아이들이 가지고 있기 때문에 ‘올바른’ 공식을 배워도 머릿속을 훅 지나가버리는 것이다.

밀도는 애당초 직접 눈으로 보거나 손으로 들어서 감각적으로 경험할 수 없는 개념이다. 아이들은 철이란 ‘무겁다’고 지레짐작하고 있는데 철 알갱이 하나는 무게를 느낄 수 없을 정도로 가볍다. 무게를 느낄 수 있을 정도로 큰 철 덩어리와 무게를 느낄 수 없는 자그마한 철 조각에 공통되는 속성이 있는데, 작은 조각도 큰 덩어리와 마찬가지로 물에 가라앉는다. 이것은 직관에 현저히 반하는 것이다. 부피가 크든 작든, 동일한 종류의 사물은 같은 밀도라는 것 자체가 아이들로서는 납득하기 어려운 일이다. 이 문제는 사물이 물에 뜨느냐 가라앉느냐에 대한 이해로 이어지고 있다. 초등학교 5학년 정도가 되어도 사과 한 개는 물에 가라앉지만, 사과 한 조각이라면 물에 뜰 거라고 생각하는 아이들이 많다.

___ '제로'에 대한 잘못된 신념

조금 전 언급한 것처럼 눈에 보이지 않는 작은 조각은 무게가 없을 거라는 지레짐작은 숫자에 관한 스키마와 깊이 연결되어 있다. 이미 언급한 바 있듯이, 아이들은 수를 사물에 대응하는 자연수라고 생각하는 경향이 있다. 여기에 제로라는 개념은 없다. 애당초 1보다도 작은 숫자가 존재하는 것, 0.1과 0이라는 숫자는 전혀 다르다는 것, 1을 아무리 분할해보아도 결코 0은 될 수 없다는 사실을 이해하기란 쉽지 않다. 제로의 의미를 확실히 이해하지 못하기 때문에 사물을 계속 분할해서 점점 그 부피가 작아져봤자 부피도 무게도 결코 무, 요컨대 제로는 될 수 없다는 것을 이해할 수 없다.

이처럼 많은 아이들이 좌절하는 개념들에서는 어떤 특정 개념에 의한 단순한 인식 오류가 아니라, 대부분의 경우, 서로 깊이 연관된 개념이 뒤엉켜 잘못된 지레짐작이 형성되고 있는 것이다.

지구는 평평하다?

　일상생활에서 관찰하는 지구는 지면이 평탄하다. 지구가 구형이라는 것은 일상생활 중에는 실감할 수 없다. 구형의 물건 중 아이들에게 친숙한 것은 뭐니뭐니 해도 공이다. 공 위에 물건을 놓으면 물건은 미끄러져 떨어져 버린다.

　한편 아이들은 어른들로부터 "지구는 둥글다"란 이야기를 자주 듣는다. 아이들은 일상생활에서의 실감과 어른들이 말하는 이야기 사이의 모순에 대해 어떻게 대처할까. 초등학교 저학년 아이에게 "지구는 어떤 형태를 하고 있지?"라고 묻는다. 그러면 아이들은 "둥글다"고 대답한다. 이미 지구가 둥글다는 사실쯤은 알고 있는 것이다.

　하지만 아이들은 지구의 형태가 '둥글다'란 사실에 대해 납득하고 있는 것은 아니다. 어떤 실험에서는 아이들에게 지구의 그림을 그려보게 했다. 그림 3-3은 아이들이 그린 그림의 예다. 아이들에게 왜 그런 그림을 그렸는지, 실험자가 자세히 물어보자 다음과 같이 대답했다. 초등학교 5학년짜리 여학생과 초등학교 1학년짜리 남학생의 예다.

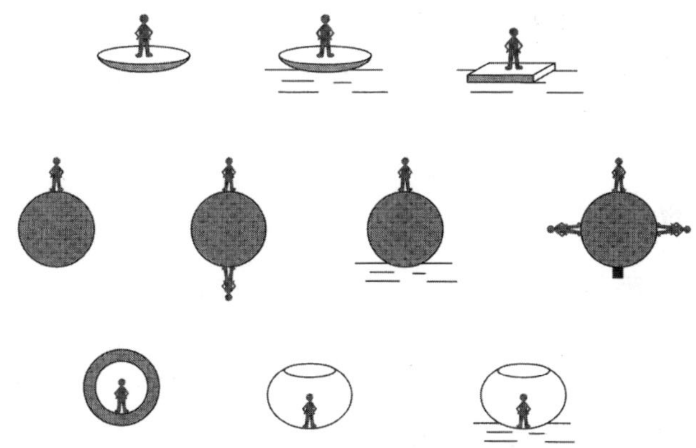

지구는 어떤 형태를 하고 있는가? 아이들이 그린 지구 모델(Samarapungavan et al.,1996)

· 초등학교 5학년 여학생의 경우

실험자_지구는 어떤 형태를 하고 있지?

5학년 여학생_지구는 둥글지만 우리들에게는 평평해 보여요.

실험자_어째서?

5학년 여학생_빙 돌아보면 동그라니까요.

실험자_그럼, 지구의 형태는 진짜 어떻게 되어 있을까?

5학년 여학생_동그래요. 두꺼운 팬케이크처럼.

· 초등학교 1학년 남학생의 경우

실험자_똑바로, 똑바로 계속 쭉 걸으면, 어디로 가게 될까?

1학년 남학생_지구 끝까지 가버릴 것 같아요.

실험자_너는 지구 끝까지 갈 수 있겠니?

1학년 남학생_못 갈 것 같아요.

실험자_그럼 먹을 것을 무지 많이 가지고 계속해서, 아주 쭉 걸어간다면 어떨까?

1학년 남학생_아마 갈 수 있을지도….

실험자_그렇게 지구 끝까지 가면 떨어져 버릴 거라고 생각하니?

1학년 남학생_아니, 안 떨어져요. 지구 밖에 있다면 떨어질지도 모르지만. 우리들은 지구 안쪽에 있으니까 안 떨어져요.

지동설보다 천동설

많은 아이들은 과학 수업 등을 통해 지구가 태양 주위를 돌고 있다는 것, 요컨대 지동설을 배운 후에도 천동설을 믿고 있다. 일상적으로 태양은 아침에 뜨고 저녁 무렵 저문다. 지지

기반이 없는 물체는 공중에 떠 있을 수가 없으므로 지면에 떨어져 버린다. 이런 관측을 통해 얻어진 우주 이미지는 지구가 구형이며 태양 주위를 공전하고 있다는 지동설과 모순된다. 이 때문에 지동설에 대해 배워도 제대로 받아들이지 못하고 지구는 실은 물에 떠 있다고 생각하는 아이들도 많다.

어떤 연구자 조사에서는 60% 이상의 어린이가 "지구가 태양 주변을 회전하고 있다"고 말했다. 하지만 그 어린이가 가지고 있는 지구에 대한 이미지로는 우주의 중심은 지구인 것이다. 정위치에 정지하고 있는 달과 태양 사이에 지구가 있어서 정위치에서 회전하고 있으며 그로 인해 낮과 밤이 생긴다고 생각하고 있다.

이처럼 아이들은 자기 나름대로의 지레짐작 이론으로 지구와 태양, 혹은 우주와의 관계에서 합리성을 발견해내고 있다. 학교에서 배워도 좀처럼 이런 지레짐작을 극복할 수 없다. 일단 자기가 스키마를 만들어버리면 그 스키마와 맞지 않는 것은 아무리 설명을 들어도 무의식적으로 무시하거나 스키마에 맞추는 형태로 설명을 곡해해버리는 경우가 많다. 요컨대 스키마가 학습을 방해하는 멍에가 되어버리는 것이다.

지레짐작의 함정

▬ 어른이 되어도 고쳐지지 않는 지레짐작

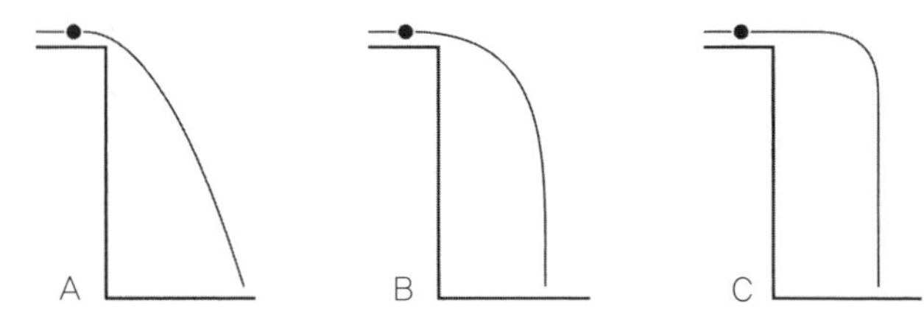

그림 3-4 ▶ 절벽에서 떨어뜨리면 어떤 궤적을 그릴까?(McCloskey, 1983)

여기서 그림 3-4의 문제에 대해 생각해보길 바란다. 지상을 움직이고 있던 물체가 언덕에서 떨어졌을 때 어떤 궤적을 그리며 하락할까. 올바른 정답은 A, B, C 중 어느 것일까. 정답은 A다. 하지만 B라고 생각한 사람도 있지 않을까?

이 실험은 미국 유명대학에서 1980년대에 행해졌다. 정답률은 70% 정도로, 30%의 사람들은 정답이 아닌 B를 선택했다. B를 선택한 사람들에게 인터뷰를 했을 때 들을 수 있는 전형적인 답변은 다음과 같았다.

"공이 절벽에서 벗어났을 때는 관성의 '힘'(요컨대 수평 방향의 '힘')은 수직 방향의 힘보다 크다. 수평 방향의 힘이 감퇴하기 시작할 때 공은 아랫방향으로 떨어지기 시작한다. 최종적으로 수평 방향의 힘이 소멸하고 공은 직하하는 방향으로 떨어진다."

대부분의 독자 분들은 '관성의 법칙'에 대해 고등학교 물리 시간 등을 통해 배운 적이 있을 것이다. 뉴턴Isaac Newton의 제1법칙(관성의 법칙)은 "외부에서 힘이 가해지지 않는다면 정지되어 있는 물체는 계속 정지한다. 움직이고 있었을 경우에는 계속 운동을 유지하며 같은 방향으로 계속 운동한다"라는 것이다. 정지하고 있던 물체가 맘대로 움직이지 않는 것은 일상적으로 경험할 수 있으며, 직관적으로도 타당한 일이다. 하지만 "운동하고 있는 물체는 등속도로 같은 방향으로 계속 운동한다"란 부분은 지구상의 일상적인 환경에서 관찰되는 경우는 거의 없다. 지표를 향해 중력이 작용하는 것 외에 바람의 영향이나 공기 마찰 등이 있기 때문이다.

운동 중인 물체가 '힘'의 존재 없이 관성에 의해 계속 움직이는 것은 아이들만이 아니라 성인 입장에서도 직관에 반하는 것이다. 성인들의 경우도 "운동을 하게 만든 외적인 힘은 그 후에도 물체에 계속 그 힘이 가해지지만 그 힘은 점차 감퇴되어 최종적으로 소멸된다"고 생각하기 쉽다. 조금 전 물체 낙하 문

제를 푼 대학생의 발언에서도 그 점은 여실히 드러나 있다. B
를 고른 까닭은 수평 방향으로 작용하고 있던 '힘'이 어느 지점
에서 소멸하여, 거기에서 바로 밑으로 낙하하게 된다는 생각
이 배후에 깔려 있기 때문이다.

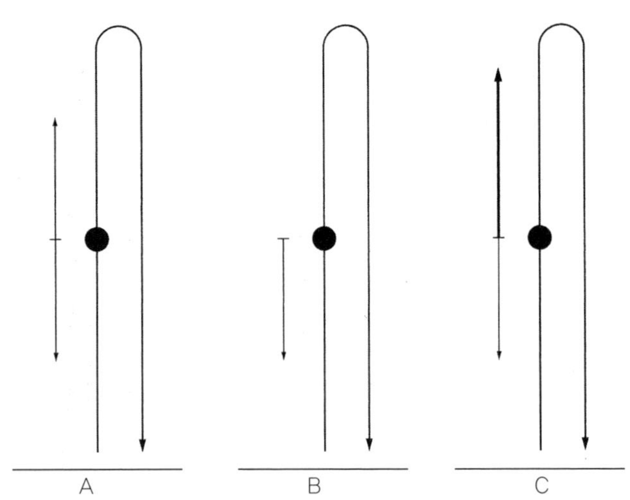

그림 3-5 코인에는 어떤 힘이 작용하고 있는가?(Clement, 1982)

이번엔 그림 3-5의 문제에 대해 생각해보길 바란다. 코인을
위로 던졌을 때 상승 중의 ●로 표시된 지점에 걸려 있는 힘
을 바르게 표현한 것은 A, B, C 중 어느 것일까. 정답은 B다.
하지만 C를 고르는 사람이 압도적으로 많다. 나는 매년 수업

에서 이 문제를 대학생들에게 내는데 결과는 항상 비슷하다. 20% 전후는 B를 고르고, 75%의 학생들은 C를 택한다. 이유를 들어보면 "코인을 위로 던지면 중력과 위로 올라가는 힘이 함께 작용한다. 그 힘이 중력보다 클 동안에는 코인이 상승 운동한다. 하지만 이 힘은 점차 감퇴하여 마침내 중력에 지고 만다. 그러면 코인은 낙하하기 시작하는 것이다"라는 답변이 돌아온다.

이 문제는 조금 전 살펴본 절벽에서 물체가 떨어질 때의 궤적에 관한 문제와 본질적으로 동일하다. 단 이런 문제는 더더욱 정답률이 낮다. 물체를 움직일 때 가한 '힘'이 그대로 지속되고, 결국 다른 힘(요컨대 중력)에 진다는, 어린 시절부터 가지고 있는 지레짐작이 너무 강력한 것이다.

갈릴레오도 오해하고 있었다

실은 "힘이 물체의 운동을 가능케 한다"는 사고는 중세시대라면 그 자체로 훌륭한 과학이론이었다. 그 유명한 갈릴레오 갈릴레이도 초기에는 현대의 학생들과 완전히 똑같은 사고방식을 하고 있었다는 사실이 기록을 통해 확인된다. 갈릴레오는 다음과 같이 쓰고 있다.

> 어떤 물체는 그 질량보다 강한 힘이 작용하는 한 위쪽 방향으로 운동한다. 하지만 힘은 점점 약해지고 결국 물체의 무게를 극복할 수 없을 정도로 쇠퇴한다. 그러면 물체는 낙하를 시작한다. 그 시점에서는 아직 위쪽 방향으로 물체를 운동시키는 힘이 어느 정도 남아 있지만 힘은 점점 약해져 물체의 낙하 속도는 점점 빨라진다.
>
> Galilei, G., *De Motu.* I. E. Drabkin & S. Drake(tr. & Eds.) p.89

인류는 태고부터 갈릴레오, 코페르니쿠스, 뉴턴의 시대가 될 때까지 천동설을 믿어왔기에, '힘→운동설'이나 천동설에 대한 치밀한 과학이론을 만들어왔다. 근대에 이르러 마침내 과학자들에 의해 그런 이론들이 잘못되었다는 것을 발견할 수 있었다. 그리고 나서 수세기가 흘러 현대의 우리들은 어린 시절부터 '바른' 과학 이론을 배운다. 하지만 배웠다고 해서 아이들이 (그리고 어른들의 대부분도) 올바른 과학이론을 아무 저항 없이 받아들이는 것은 아니다.

이과계 대학생 중 4분의 3 이상이 코인 던지기 문제에서 오답을 제시했다. 이 이야기에는 후일담이 있다. 미국 대학에서 진행된 최초 실험에 참가했던 학생들은 그 후 1학기 동안 물리 수업을 받고 관성의 법칙에 대해서도 단단히 공부했다. 그 후 다시 이 문제를 풀었는데 그때 역시 정답률은 28%에 지나지 않았다는 것이다.

chapter
4.

모국어 스키마와 외국어 학습

▄▄ 지레짐작에 근거한 지식이 학습을 방해한다

제2장에서 언급한 대로 어린이들은 모국어를 학습할 때 모국어에 대해 여러 가지 스키마를 만들어내서 학습에 속도를 더해간다. 형태 룰을 비롯한 스키마는 잘못 사용해버리면 학습에 방해가 될 것이다. 하지만 어찌된 영문인지 아이들이 모국어를 배울 때는 이 점이 전혀 문제가 되지 않는다. 아이들은 스키마를 언제, 어떻게 사용해야 하는지를 이미 터득하고 있으며, 지레짐작에 의거한 지식에 불과한 스키마가 학습에 방해가 되는 일은 없다.

외국어 학습의 경우에는 어떨까. 형태 룰처럼 어떤 언어에도 공통적으로 사용할 수 있는 지레짐작 지식이라면 상관없다. 하지만 모국어와 외국어 사이에 딱 들어맞지 않는 점이 있으면 모국어에 대한 스키마를 외국어에 통용할 경우 외국어 학습을 방해해버린다. 그러나 많은 사람들은 모국어에 대한 '지레짐작 지식'을 가지고 있다는 사실조차 거의 의식하지 않기 때문에, 외국어 학습 시에도 마찬가지로 그것을 무의식적으로 사용해버리는 것이다.

▅▅ 외국어 어휘에 대한 잘못된 스키마

가장 이해하기 쉬운 것은 단어의 의미에 대해 학습할 때다. 아이들은 모국어에 나오는 단어의 의미를 직접 배우는 것이 아니라 스스로 생각해서 학습하고 있다. 하지만 성인이 된 후 외국어 단어의 의미를 학습할 때에는 대부분의 경우 사전에서 제시된 모국어로 된 번역어를 해당 단어의 '의미'로 외운다. 그때 실제로는 해당 외국어 단어와, 그에 대한 번역어로 제시된 모국어 단어가, 완전히 똑같은 범위에서 똑같이 사용된다고 지레짐작해버리기 쉽다.

예를 들어 일본어 동사 '입다着る'와 영어 동사 'wear'는 같은 의미라고 생각하는 사람이 적지 않을 것이다. 하지만 '입다'와 'wear'의 의미는 제각각 커버하는 의미 범위의 아주 일부분만 중첩되고 있을 뿐이다. 일본어에서 '입다着る'의 대상은 몸의 상반신을 감싸는 옷을 입는다는 뜻으로 한정되고, 바지나 양말 등은 '신다履く'를 쓰고, 모자는 '쓰다かぶる'를 쓰며 반지나 액세서리 등은 '끼다', '하다'라고 말한다. 한편 영어에서는 이런 모든 것들이 'wear'의 대상일 뿐 아니라, 심지어 메이크업조차 'wear'의 대상이 되고 있다.

단순히 '입다' 쪽이 'wear'보다 범위가 좁고 한정적일 뿐인가 하면 꼭 그렇다고도 할 수 없다. 예를 들어 '입다'는 몸에 걸치는 동작과 몸에 걸치고 있는 상태 양쪽 모두를 나타내지만, 'wear'는 몸에 걸치고 있는 상태만을 나타내며 몸에 걸치는 동작은 이와는 전혀 별개의 동사인 'put on'을 사용해야 한다.

필자가 이전에 실시한 조사에 의하면, 일본인 대학생 대부분은 '입다'를 셔츠, 드레스, 제복 등 '입다'의 대상에 대해서만 사용하고, 반지나 모자를 대상으로 사용하는 것에 대해서는 저항감을 드러냈다. 한편 영어 네이티브가 완전히 오류라고 판단했던 '몸에 걸치는 동작'의 의미로 쓴 'wear'의 사용(예를 들어 "Hurry up and wear your clothes quickly." 등의 문장)에 대해서는 올바르다고 판단했다. 요컨대 대부분의 일본인 대학생들은 그때까지 최소 6년씩이나 영어를 배웠음에도 불구하고 'wear'처럼 일상적이고 매우 빈도수가 높은 동사조차도 그 의미를 제대로 이해하지 못하고 있었던 것이다. 그 원인은 '입다'와 'wear'가 완전히 동일한 범위에서 똑같이 사용할 수 있는 의미의 말이라고 무의식적으로 상정해버렸기 때문이었다.

스키마에 대한 재검토의 필요성

모국어와 외국어에서의 단어의 의미 차이는 단순히 각각의 단어의 의미 범위가 일치하지 않는다는 것에 머무르지 않는다. 애당초 어휘 구조 자체가 매우 이질적인 경우가 많다. 예를 들어 사람들의 이동을 나타내기 위해, 일본어의 경우 '달리다', '걷다', '구르다', '미끄러지다' 등 한정된 수의 동사로밖에는 양태(움직이는 방법)에 대한 구별이 없다. 더욱 세세한 양태에 대한 정보를 언어 표현에 포함시키고자 한다면 '비틀거리며 걷다', '척척 걷다', '다리를 끌면서 걷다', '어슬렁거리며 걷다', '발끝으로 걷다' 등 부사구로 동사를 수식할 수밖에 없다.

한편 영어에서는 이런 것에 대해 'stagger(비틀거리다)', 'swagger(척척 걷다)', 'limp(다리를 끌면서 걷다)', 'amble(어슬렁거리며 걷다)', 'tiptoe

(발끝으로 걷다)' 등 제각각의 상태로 걷는 동작에 대해 독립된 동사가 존재한다.

소리가 나는 모습에 대한 표현도 일본어의 경우, 음의 종류 자체를 동사 자체로 구별하는 경우는 없다. '문이 끼익 하는 소리를 냈다'는 'The door squeaked', '우르르하는 세찬 바람 소리가 들렸다'는 'The wind roared', '나뭇잎이 바스락거리는 소리를 냈다'는 'The leaves rattled'라고 표현된다.

네이티브 스피커는 모국어에 대해 통상적인 사전에는 나와 있지 않은 모국어 어휘에 대한 스키마를 다수 가지고 있다. 스스로가 이런 지식을 가지고 있다는 사실에 대해 눈치 채고 있지는 않지만, 이런 지식(스키마)에 의거하여 언어를 다루고 새로운 단어들의 의미에 대해 학습하고 있는 것이다.

요컨대 외국어 단어의 의미를 제대로 이해하기 위해서는 모국어와는 별개로 해당 외국어에서의 해당 개념 영역의 의미 지도를 제로에서부터 다시 만들어내야 한다. 과학 개념의 학습에서도 잘못된 스키마 극복은 쉽지 않은 일이겠지만, 외국어 학습에서는 거의 모든 단어에 대한 학습에서 그런 프로세스를 거치지 않으면 안 되는 것이다.

잘못된 스키마 극복

외국어를 배울 때 모국어 스키마를 극복하는 일은 얼마나 어려울까. 필자는 일본인과 한국인 중 중국어를 배우는 학습자들을 대상으로 비슷한 의미를 가진 복수의 중국어 단어들에 대해 얼마나 중국어 네이티브 스피커에 가깝게 분류해서 사용할 수 있는지를 조사했다. 대상은 영어에서 'hold'라는 동사로 표현되는, '사물을 손, 혹은 몸의 어딘가로 지탱하고 유지하는' 일련의 동작을 나타내는 중국어 동사 군이다.

그림 3-6을 봐주길 바란다. 중국어에서는 영어라면 모두 'hold'라고 나타낼 동작을 손의 형태가 어떤지, 몸의 어느 부위에서 지탱하는지에 따라 20가지 이상의 동사로 구별한다. 일본어는 중국어만큼이나 세세하지는 않지만 영어보다 자세히 '가지다', '지다', '짊어지다', '안다' 등의 동사로 구별한다.

일본어 네이티브 스피커 학습자가 이런 동사 군(대표적인 13개의 동사)을 어느 정도로 나누어 사용할 수 있는지를 조사했다. 3년 이상 중국어를 학습하고 1년 이상 중국에 체재해서 일상생활에 불편함이 없을 정도로 중국어를 말할 수 있는 학습자라도

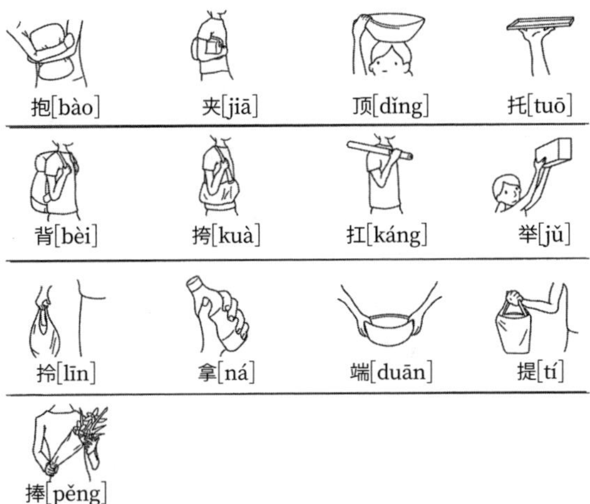

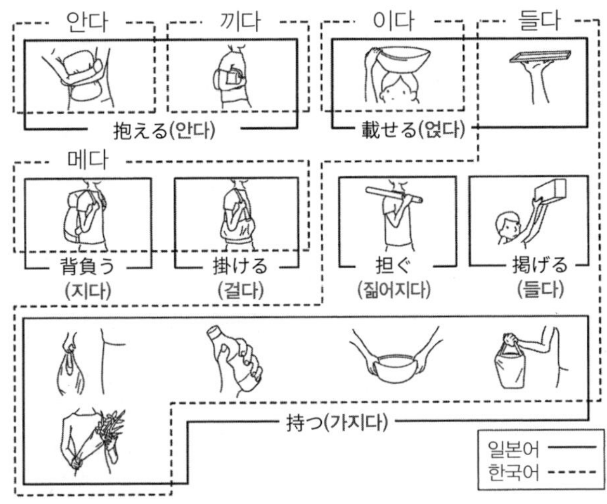

 'hold'를 나타내는 단어.

위의 그림 : 중국어, 아래 그림 : 일본어와 한국어(이마이 무쓰미 『말과 사고こと
ばと思考』 2010)

동사를 나누어 사용할 수 있는 수준은 중국어 네이티브 스피커 5, 6세 아이들의 레벨에 머무르고 있었다. 그 후 학습 기간이 아무리 길어져도 나누어 사용할 수 있는 레벨은 그다지 향상되지 못했다. 일본인 네이티브 스피커 학습자는 일본어로 '가지다持つ'와는 구별되는 동작에 대해서는 중국어 동사를 올바르게 사용할 수 있었지만 일본어로 구별하지 않는 일련의 동작에 대해서는 '拿[ná]'라는 '가지다'에 의미가 가깝고 가장 폭넓게 사용되는 동사를 과도할 정도로 사용하고 있었다. 중국어 네이티브 스피커가 하는 구별 방식을 거의 취하고 있지 않았던 것이다.

극복이 어려운 이유

뭔가 새로운 것을 학습할 때 사람들은 반드시 기존 지식을 사용한다. 자신이 그런 지식을 가지고 있다는 것을 인식하지 못한 채 무의식적으로 사용하는 경우도 많다. 대부분의 '스키마'는 그런 지식이다.

제1장에서 언급했던 것처럼, '스키마'는 정보를 취합하고 기억하기 위해 중요한 기능을 한다. 사람들은 연령에 상관없이

스키마에 이끌려 현재 일어나고 있는 사건, 혹은 학습해야 할 문장이나 영상 등의 행간을 스스로 메우고 이해한다. 사람들은 이해할 수 없는 정보를 있는 그대로 기억 속으로 취합하는 것에 매우 서툴다. 따라서 스키마와 관련하여 쉽사리 이해된 정보만이 기억되고 스키마와 맞지 않는 정보는 좀처럼 기억되지 않는다. 스키마는 정보의 취사선택도 행한다. 스키마에 맞는 정보에는 주의를 기울이기 쉽고 기억도 잘 된다. 스키마와 부합되지 않는 정보에는 주의를 기울일 수 없고 따라서 기억도 되지 않는다.

애당초 스키마에 오류가 있다면 무슨 일이 벌어질까. 문제해결에 필요한 정보에 눈길이 가지 않고 관계없는 정보에만 주목해버린다. 스키마에 맞도록 정보(혹은 학습해야 할 텍스트의 내용)를 곡해하고 결국 그것을 기억해버린다. 그 결과 오류투성이의 지레짐작 지식(잘못된 인식)은 수정되기는커녕 더더욱 굳어버린다. 그런 식으로 반복되다 보면 잘못된 스키마는 수정이 어려워지는 것이다.

과학자들조차 데이터를 통해 자신의 가설을 의심해보는 것이 쉽지 않다. 사람들은 자신의 신념과 일치하는 현상에 주목하고 일치하지 않는 현상은 자칫 무시하기 쉽다. 이것을 '확증 바이어스'라고 부른다. 과학자도 인간인 이상 확증 바이어스를 가지는 것은 자연스러운 일이다. 자신의 가설과 일치하는 데이터는 즉시 주목할 수 있는 반면, 가설과 일치하지 않는, 혹은 모순되는 데이터는 간과해버리거나 '실험 절차의 자그마한 착오'라고 생각해버리기 쉽다.

아이들이 어린 시절부터 스스로 세계를 관측하여 직접 만들어낸 스키마를 버리고 '바른 개념'을 받아들이는 것은, 과학자들이 자신의 가설을 버리고 새로운 이론에 도달해가는 과정과 비슷하다. 애당초 천동설을 믿고 있었는데 어느 날 어른들한테 "지동설이 맞는 말이야"라는 이야기를 들어도 아이들 입장에서는 좀처럼 천동설을 버릴 수 없을 것이다. 이는 코페르니쿠스나 16세기 사람들이 그때까지 '올바른 이론'이었던 천동설을 차마 외면할 수 없었던 것과 매한가지다. 바꿔 말하면 스스로 배양해왔던 스키마, 요컨대 '잘못된 지레짐작 이론'을 버리고 어른들한테 배운 '올바른 이론', 정확하게 말하자면 현시점에서 과학자들에 의해 '올바르다'고 판단되고 있는 이론을 받아들이는 것은, 아이들 입장에서 볼 때 코페르니쿠스적 전환을 강요받는 혁명적인 사건인 것이다.

___ 잘못된 스키마를 만들지 않는 것은 가능할까

그렇다면 애초부터 잘못된 스키마를 만들지 않으면 어떨까. 애초부터 올바른 스키마를 만들 수 있도록 교육하면 되지 않을까. 어쩌면 독자 여러분은 그렇게 생각할 것이다. 하지만 그것은 불가능하다. 스키마는 사람들의 자연스러운 세계 인식 방법을 반영하여 스스로 만드는 것이기 때문에 그것을 말로 직접 가르치는 것은 불가능하기 때문이다. 그것을 만들지 않도록 하는 것도 불가능하고 '과학적으로 올바른 스키마'를 아이들에게 직접 가르치는 것도 불가능하다.

모국어에 관한 스키마는 모국어 안에 담겨 있는 여러 가지 패턴을 아이들이 스스로 발견해서 만들어내는 것이다. 모국어를 학습하기 위해서 절대적으로 필요한 것이다. 따라서 모국어에 대한 스키마를 만들지 않도록 하는 것은 불가능하다. 외국어에 대한 스키마를 아이들에게 가르치는 것도 어렵다. 애당초 언어에 관한 스키마는 그런 지식을 가지고 있는 것조차 보통 사람들의 경우 인식하지 못하고 있기 때문이다.

부모 중 양쪽이 별개의 언어를 모국어로 하고 항상 제각각의 모국어로 아이에게 말을 건다는 바이링구얼 환경에 있는 경우, 아이는 두 가지 언어의 스키마를 동시에 학습하는 것이 가능하다. 그러나 모국어와 외국어 학습 시기에 시간차가 있을 경우 모국어 학습을 촉진하기 위해 만들었던 스키마가 외국어 학습 시에 무의식적으로 기능해버리는 경우가 있다. 그것을 방해하는 것은 곤란하다(그렇다고 해서 앞서 언급한 환경이 아닌데도 외국어 학습을 태어날 때부터 시작한들 외국어를 직접 사용할 시간이 짧은 경우 외국어 학습을 위한 스키마를 아이들이 스스로 만들기는 어렵다. 따라서 무턱대고 이른 시기에 외국어 학습을 시작한다고 해서 이 문제를 해결할 수 있는 것은 아니다).

▬ 잘못된 스키마를 극복한다

사람들이 과학이나 외국어를 배우고 숙달되어가는 과정에서 중요한 점은 잘못된 스키마를 만들지 않는 것이 아니라, 잘못된 지식을 수정하고, 그와 함께 스키마를 수정해가는 것이다.

'배운다'는 것은 어떤 것에 숙달되고 달인의 길을 걷는 것이다. 그 길을 걷기 위해 스키마를 만드는 것은 필수불가결하다. 설령 잘못된 것이라 해도 지식의 시스템을 신속히 만들어내기 위해 스키마를 만든다. 하지만 스키마에 오류가 있을 경우, 그 오류를 극복하고 새로운 스키마를 재창출해가는 과정을 밟지 않으면 안 된다.

그렇다면 어떤 순간 그것이 가능해지는 걸까. 스스로 자신의 이론과 모순되는 현상을 경험하고 자신의 지레짐작 이론이 이상하다는 것을 납득할 수 있었을 때라고 할 수 있다. 그러기 위해서는 우선 현상이 자신의 이론과 모순된다는 점을 알아차려야 한다. 단 이것은 앞서 언급한 것처럼 과학자들 입장에서 쉬운 일은 아니다.

다음의 제4장과 제5장에서는 숙달되기 위한 인지 과정에 대해 더더욱 깊이 파고들어가 보겠다. 숙달 과정에 따라 지식은 어떻게 변할까. 그리고 뇌 속에서는 어떤 변화가 일어나는 것일까.

제4장
배움의 본질을 규명하다

—숙달이란 무엇일까—

제4장 배움의 본질을 규명하다

'배움'과 '숙달'은 표리일체, 동전의 양면과 같다. 우리들은 숙달하기 위해 배운다. 배우는 과정은 숙달에 이르는 과정이다. 일반적으로 '숙달자'를 가리킬 때, 장기나 스포츠, 예술이나 전통공예 등 특별한 분야에서의 달인들을 이미지로 떠올리는 경우가 많을 것이다. 하지만 모든 배움은 숙달로 향하는 과정이다. 인간들은 거의 모든 것들을 후천적 학습을 통해 몸에 익힌다. 신체를 자기 마음대로 움직일 수 있게 되는 것, 말로 이야기를 할 수 있는 것, 여러 가지 지식을 습득하는 것, 모국어를 배우는 것, 외국어를 배우는 것, 문자를 읽을 수 있게 되어 독서가 가능해지는 것, 문자를 쓰는 방식을 배워 문장을 쓸 수 있게 되는 것, 이 모든 것들이 숙달의 과정인 것이다.

숙달한다는 것은 해당 분야 지식의 시스템을 만들어가는 것이다. 그 과정에서 배우는 사람은 학습을 보다 효율화하기 위한 스키마를 만들고, 배우는 방식을 배운다. 때로는 스스로 스키마를 토대부터 부수고 재창출할 필요가 있다는 점에 대해서도 지금까지 언급해왔다. 이번 장에서는 숙달한다는 것이 인지에 어떤 변화를 초래하는지에 대해 좀 더 깊이 생각해보도록 하겠다.

chapter 1.

숙달이란 무엇일까

숙달자의 두 가지 레벨

처음부터 완벽하게 할 수 있는 사람은 없다. 어떤 일을 반복적으로 경험하면 처음으로 해봤을 때에 비해 자신의 행동에 변화가 생긴다는 것은 누구나 다양한 방식으로 경험했을 터이다.

예를 들어 요리의 경우를 가지고 생각해보자. 요리를 전혀 한 적이 없는 사람은 애당초 스스로 어떤 재료로 어떤 요리를 만들지 생각해내는 것이 어렵다. 요리책 등에 나오는 레시피를 보면서 도전해본다. 처음엔 어떤 식재료를 어떤 형태로 어느 정도의 두께로 잘라야 할지조차 잘 모른다. 자르는 스피드도 느리고 형태나 두께도 제각각이 되어버린다. '기호에 따라 적당한 양의 간장을'이라고 적혀 있으면 '적당한 양'이 어느 정도인지 가늠할 수 없다.

하지만 경험을 쌓아가면서 식칼 사용법도 능숙해지고 맨 처음에 비해 빠르고 예쁘게 자를 수 있게 된다. 간을 보면서 기호에 맞는 맛으로 완성하기 위해 어느 정도로 조미료를 넣어야 할지도 알게 된다. 요리책의 레시피 그대로 재료가 구비되지 않아도 집에 있는 식재료만으로 만들거나 다른 재료로 대신하거나 하는 등, 응용도 가능해진다.

이 정도에 이르면 바야흐로 요리의 달인이라고 말해도 좋을 것이다. 하지만 위에는 더 위가 있다. 보통 사람들이 보통 가정에서 먹는 식사를 재빨리 만들 수 있는 숙달 레벨과 프로 요리사에게 요구되는 숙달 레벨은 전혀 별개일 것이다. 물론 프로 요리사 중에도 그 실력에는 개인차가 존재한다. 다른 사람이 도저히 흉내 낼 수 없는 독자적인 '무언가'가 없다면 결코 일류 요리사라고 말할 수 없을 것이다.

언어에 대한 학습 역시 마찬가지다. 모국어를 유창하게 말하거나 읽을 수 있게 되는 것은 훌륭한 숙달이지만, 그것은 충분히 경험을 쌓아가면 누구나 달성 가능한 숙달이다. 거기에서 한걸음 더 나아가 하이쿠俳句(기본적으로 5·7·5음의 도합 17음으로 이루어진 일본 고유의 정형시-역자 주)나 시, 소설, 논픽션 등의 장르에서 자신만의 스타일로 문장을 쓸 수 있는 문필가, 언어 분석을 하는 언어학자, 프로 편집자 등, 많은 사람들이 각각의 분야에서 언어를 무기로 해당 분야를 심화시켜간다.

요컨대 숙달이라 한마디로 표현해도, 경험의 축적에 의해 처음에는 불가능했던 것을 빠르고 막힘없고 정확하게 할 수 있게 된다는 레벨의 숙달과, 그것을 뛰어넘어 해당 분야의 일류가 되고 나아가 초일류가 되는 레벨의 숙달이 있다. 물론 이것은 연속되는 과정이지만, 숙달자의 인지적 특징이나 배우는 방식의 특징을 생각할 때 여기서 양자를 나누어 생각하는 것이 중요하다.

▬ 초심자와 숙달자의 차이

우리들은 초등학교 때부터 대학, 혹은 그 이후의 교육을 통해 과학적인 설명 방식, 사고방식을 배우고, 운동 방정식, 위치 공식, 속도 공식, 에너지보존 공식 등 여러 가지 공식을 배운다. 하지만 앞서 언급했던 것처럼 '공식을 알고 있다'는 것과 '공식을 사용해서 문제를 풀 수 있다'는 것은 별개의 것이다.

'공식을 알고 있지만 문제는 풀 수 없는' 단계에서 '공식을 사용하여 자유자재로 문제를 풀 수 있는' 단계로 어떻게 이행해 갈까. 그리고 그때 인지에는 어떤 변화가 초래되는 것일까. 우선 물리 초심자인 대학생과 물리 숙달자인 대학교수 간에 다음의 문제를 푸는 방식이 어떻게 다른지 비교해보자.

— 문제 —

어떤 사람이 폭탄을 던지는 역할을 맡아 비행기를 타고 있다. 비행기는 비슷한 속도로 비행하고 있었고, 같은 높이에서 폭탄을 던진다고 하자. 다음 ①에서 ⑤ 중, 지표에 도달하는 폭탄의 속도가 가장 빠른 것은 어느 때일까.

① 비행기가 하강하고 있을 때
② 상승하고 있을 때
③ 수평으로 비행하고 있을 때
④ 어느 상황이건 차이는 없다
⑤ 정보가 부족해서 판단할 수 없다

거의 대부분의 대학생들은 ①을 선택하는데, 숙달자인 물리 교수님은 ④를 택한다. 문제를 보자마자 이것이 에너지보존법칙을 사용한 문제라고 판단할 수 있었기 때문이다. 하지만 이 문제는 법칙이 적용되는 것이 폭탄이지 비행기가 아니라는 것을 이해한 후 선택지를 고르지 않으면 정답을 말할 수 없다. 숙달자인 교수님은 이 문제를 본 순간 계산을 하기 전 바로 관련 공식들이 머릿속에 떠오른다.

"만약 운동하고 있는 물체가 있고, 두 가지 시간 t_1과 t_2의 속도를 알고 있거나, 그것을 구할 필요가 있으며 그 두 가지 시간대에서 보존력만 작용한다면, t_1에서 t_2에 걸쳐 해당 물체에 에너지보존법칙을 적용할 수 있다"고 생각하고, 나아가 "만약 역학적 에너지보존법칙이 두 물체에 적용되어, 질량, 초속, 하강 시 높이와 최종적인 높이가 물체A와 물체B 사이에 동일하다면, 물체A와 물체B는 최종적인 속도도 동일하다"라는 결론에 순식간에 도달하는 것이다.

그에 비해 초심자인 대학생의 경우 이 문제는 에너지보존법칙의 관점에서 생각해야 한다는 것을 바로 파악할 수 없다. 애당초 제3장에서 언급했던 것처럼 초심자는 물체가 움직이고 있을 때 움직이는 방향으로 힘이 작용하고 있다는 잘못된 인식을 가지고 있는 경우가 많아서 ②나 ③에서는 그 방향으로 작용하는 힘에 의해 낙하 속도가 줄어든다고 생각해버리기 십상이다.

이번엔 다음의 '탄환 속도 문제'를 통해 초심자와 숙달자의 사고방식이 어떻게 다른지 살펴보자.

－문제－

길이 0.5미터의 총신에서 초속 400미터로 탄환이 튀어나
왔다. 탄환이 총신에서 계속 가속되었다고 하면 총 안에서의
평균 속도는 어느 정도일까. 또한 탄환이 총신 안에 있었던
시간은 몇 초일까.

이런 문제가 제시되었을 때 초심자와 숙달자는 머릿속에서
어떤 사고의 흐름을 거칠까. 여기서 표 4-1을 봐주길 바란다.
숙달자는 답변을 얻기 위해 오로지 전진할 뿐, 머뭇거리거나
쓸데없는 생각을 하지 않는다. 문제를 본 순간 속도 공식을 사
용해야 함을 이해한다. 아울러 교과서에 실려 있는 형태로 공
식을 떠올려본 후 변형하는 것이 아니라, 처음부터 직접 수식
을 대입할 수 있는 변형된 형태로 공식을 가지고 올 수 있다.
요컨대 물리 숙달자는 물리 문제를 생각할 때 "X와 Y를 알고
있으면 Z도 구할 수 있다", "X=Y+Z"라면 "Y=X-Z" 같은 식
의 변형이 그 의미와 함께 머릿속에 들어 있다. 때문에 필요한
값을 구하기 위한 변형식이 직접 머릿속에 떠오르는 것이다.
그뿐만 아니라 문제를 본 순간, 문제를 풀기 위한 순서와 절차

초심자의 사고 흐름	숙달자의 사고 흐름
① 탄환은 총구로부터 초속 400미터로 튀어나갔다.	① 총신 안에서의 평균 속도는 어느 정도지?
② V_0=40, 아니 초속 400미터다.	② 아, 이건 분명 400의 절반으로 초속 200미터로군.
③ 총신 안에서는 계속 가속되고 있다.	③ 그러니까, 탄환이 총신 안에 있었던 것은 몇 초?
④ 총신 안에서의 평균 속도는 어느 정도지?	④ 만약 평균 속도가 초속 200미터라고 하면,
⑤ 총신 안에서의 평균 속도는 0에서…… 400까지…….	⑤ 총신의 길이는 0.5미터니까,
⑥ 그러니까, 평균 속도×거기에 있던 시간.	⑥ 아마도 100……1……, 아 잠깐만!
⑦ 시간의 2분의 1.	⑦ 평균 속도가 초속 200미터고,
⑧ 평균 속도는 초속 200미터다.	⑧ 총신은 0.5미터고,
⑨ 탄환이 계속 가속되었다면 총신 안에서의 평균 속도는 어느 정도지?	⑨ 아, 그렇다면……, 아……, 0.5미터고,
⑩ 평균 속도는 초속 200미터다.	⑩ 초속 200미터니까,
⑪ 이 계산이 맞을 거야.	⑪ 400분의 1초가 되는구나.
⑫ 평균 속도란 어떤 속도인가 하면, V_0이 0이고, ……	
⑬ 더하는 것의 V, 이것이 또 하나이고, 2로 나누어……	
⑭ 왜 2로 나누는 거였더라?	
⑮ 두 가지 속도의 평균, 이면 되는 거지?	
⑯ 즉, 초속 200미터야.	
⑰ 아무래도 뭔가 이상한데. 앞의 문제에서 어딘가 잘못된 걸까. 평방으로 계산해야 했나? 나중에 다시 살펴봐야지.	
⑱ 탄환이 총신 안에 있었던 건 몇 초지?	
⑲ 아, 알았어. 시간이 문제였어.	
⑳ s가 Vt와 같다고 하면,	
㉑ t는 거리를 평균 속도로 나눈 것과 같기 때문에,	
㉒ 200미터의,	
㉓ 아니지, 0.5 나누기 200미터야.	
㉔ 이 녀석을 생각해야 해.	
㉕ 0.5 나누기 200은, 0.0025.	
㉖ 시간은 0.0025초. 그 말은 400분의 1초다.	

표 4-1 ▶ 물리 문제를 풀 때의 초심자와 숙달자의 사고 흐름(Simon & Simon, 1978)

를 알 수 있고 거기에 숫자를 대입하여 가장 짧은 과정을 거쳐 해답을 얻을 수 있다.

그에 비해 초심자들은 문제를 풀기 위한 공식을 떠올려보지만, 이 문제에 대해 공식을 어떻게 사용해야 할지 바로 깨닫지 못한다. 지금 자신이 구해야 하는 것은 이 공식 중에서 애당초 어느 항인지, 제시된 제각각의 숫자는 공식의 어디에 해당하는지 찾아내는 것부터 시작해야 한다. “공식을 알고 있다”는 것과 “공식을 사용할 수 있다”는 것은 동일하지 않다는 사실을 이런 예들을 통해 아주 잘 이해할 수 있을 것이다.

▬ 숙달자는 임기응변에 강하다

물리 숙달자의 문제 풀이 방식을 한마디로 말하면 ‘자유자재’ 혹은 ‘임기응변’일 것이다. 이 배후에 있는 것은, 문제를 읽으면 순간적으로 “무엇이 중요한지 알 수 있다”는 본질을 파악할 수 있는 힘이다. 순간적으로 “본질을 파악할 수 있다”는 것은 순간적으로 상황을 파악하고, 풀어야 할 문제가 무엇인지, 그것을 위해 무엇을 해야 할지 알 수 있다는 말이다.

물론 숙달자가 임기응변에 강하다는 것은 물리 문제 따위를 푸는 것에 국한되지 않는다. 노能(일본의 전통적 연극 형식 중 하나-역자 주)에서 숙달자가 되면 어떤 일이 벌어질까. 곤파루류金春流(노의 대표적인 유파 중 하나-역자 주) 제80대 종가의 곤파루 야스아키金春安明 씨에게 물어보았다.

노는 시테(노에서 주로 가면을 쓰고 등장하는 주연급 인물-역자 주), 와키(시테의 상대역-역자 주), 피리, 북, 소고, 대고 연주자들의 공동 작업인데, 모두가 한자리에 모여 연습할 시간은 거의 없다. 각자 수련을 쌓은 후 무대에 임한다. 몇 번이고 함께 무대를 경험한 사람들끼리만 모여 공연하는 것도 아니다. 서로 상이한 유파에 속한 사람들과 함께 무대에 서는 경우도 있다. 얼마나 숙련되었는가는, 처음으로 함께 무대에 선 사람들과 금방 호흡을 맞추고 즉흥적으로 무대를 만들어갈 수 있을지 여부에 달려 있다고 한다. 물론 이것은 노에 국한되지 않고 다른 사람들과 함께 뭔가를 하는 상황에서 임기응변에 능하다는 것은 숙달자의 중요한 특징인 것이다. 축구, 럭비 등 팀 스포츠에서도 이것이 가장 중요한 능력이라는 점은 두말할 필요가 없을 것이다.

숙달자가 가진 이런 탁월한 임기응변 능력은 어디에서 기인한 것일까. 우선 필요한 것은 그것을 실행하기 위해 필요한 절차가 반사적으로 상기되고, 그것을 재빨리 실행하기 위해 바로 몸이 움직이는 것이다. 하지만 그 순간, 현재 자신이 놓인 상황을 적절히 이해하고 다음 순간에 무엇을 해야 할지, 신속하고 정확하게 판단할 필요가 있다. 그렇다고는 해도 이런 것은 딱히 인지과학적 연구 지식이 없어도 누구든 경험적으로 알 수 있는 일이다. 좀 더 깊이 파고들어가 임기응변으로 판단하고 행동할 때 마음속에서 무슨 일이 벌어지고 있는지를 살펴보기로 하자.

chapter 2.
스킬의 자동화와 작동기억

▬ 작동기억이란 무엇인가

조금 전 언급했던 것처럼 숙달자는 일일이 깊이 생각하지 않아도 필요한 행동을 필요한 순간 자연스럽게 할 수 있다. 이것을 인지과학에서는 '스킬의 자동화'라고 한다. 굳이 의식을 기울이지 않고도 필요한 것을 백그라운드로 할 수 있게 되는 것이다.

인간은 실시간에 가깝게 정보처리를 하고 있다. 하지만 의식적으로(주의를 기울이면서) 처리할 수 있는 계산 양에는 한계가 있다. 기억에는 정보를 장기적으로 쌓아두는 저장고와 실시간 정보처리에 필요한 정보만을 일시적으로 보관하는 저장고 등 두 종류가 있으며, 전자를 '장기 기억', 후자를 '단기 기억'이라고 한다. 이에 대해서는 제1장에서 약간 설명했다.

사람들이 대화를 나누거나 책이나 신문을 읽거나 라디오 뉴스를 듣거나 계산 등을 할 때, 그 환경 내의 정보를 받아들이고 그것을 처리하기 위해 필요한 정보가 장기 기억에서 검색되며, 그것들을 통합해서 그때그때에 맞는 정보처리를 한다. 예를 들어 뉴스를 듣고 있을 때는 뉴스를 통해 나온 언어 정보가 처리될 수 있는 정보로 단기 기억에 입력되고, 장기 기억들 중에서 문법 규칙이나 단어 의미에 관한 정보, 내용에 관한 스키마 등, 언어 정보처리에 필요한 여러 가지 지식들이 검색된다. 그리고 지금 자기 자신에게 밀려들어오는 정보들을 장기 기억에서 가지고 온 정보들과 통합하여 정보처리를 한다. 이런 일련의 프로세스 전체를 작동기억이라고 한다.

사람들이 작동기억으로 한 번에 다룰 수 있는 정보량에는 한계가 있다. 따라서 의식적인 주의를 기울이지 않고 백그라운드로 하는 일이 많다면 정말로 필요한 일에만 주의를 집중시킬 수 있다. 이것이 좋은 퍼포먼스를 위한 철칙이다.

모국어 습득과 정보처리 시스템

아이들이 모국어 학습에서 하고 있는 것이 바로 이런 과정이다. 언어에 대한 정보처리는 ①음소의 식별, ②단어의 동일 여부 확인, ③형태소나 조사 등의 문법 판단, ④단어 배열을 통해 문장 구성 파악, ⑤억양이나 단어 선택 등에 의한 화자의 의도나 확신도에 대한 판단, ⑥발화 내용의 의미를 문자 그대로 직접 받아들이거나 비유나 비아냥으로 받아들여야 할지 여부를 판단, ⑦말하는 사람이 표현하고 있는 전체적인 내용에 대한 이해 등, 여러 가지 판단을 거의 실시간에 가깝게 초고속으로 진행해야 한다. 그때 이런 모든 것들에 대해 의식적인 주의를 기울이고 있으면 정보처리는 즉각 파탄 나버린다. 통상적으로 ①에서 ⑤ 정도까지는 무의식적으로 행한다. 그것에 의해 ⑥과 ⑦에 보다 많은 정보처리 리소스를 남기려고 하는 것이다.

언어를 사용할 수 있게 되려면 문법서에 적혀 있는 설명을 암기하고 사전에 나와 있는 단어의 의미를 암기하는 것보다 이런 복잡한 인지 과정의 대부분을 자동적이고 빠른 속도로 행할 수 있는 정보처리 시스템을 만들어가는 것이 중요하다.

언어의 습득과 숙달 과정은 유창하게 말할 수 있는 것에서

136

끝나지 않는다. 아이들은 어느 정도 유창하게 말할 수 있게 될 무렵부터 읽거나 쓰는 학습을 시작한다. 술술 문장을 읽을 수 있게 되기 위해서 배우는 사람은 더더욱 복잡하고 치밀한 정보처리 시스템을 만들어가야만 한다.

▬▬ 술술 읽기 위한 정보처리

매끄럽게 읽을 수 있게 되면 눈동자를 움직이는 방식도 바뀐다. 읽은 사람은 한 단어씩 읽고 있는 것이 아니다. 신문 등을 술술 읽을 수 있는 것을 포함하여 읽는 방면에 숙련된 사람은 다음과 같이 지극히 복잡한 프로세스를 초고속으로 행하고 있는 것이다.

(1)문자의 시각정보를 음으로 변환한다.
(2)기억에 있는 단어의 의미 사전에 접속하여, 문장에 보이는 단어와 머릿속 의미 사전에 있는 단어의 의미를 조합한다.
(3)스키마에 의해 행간을 채운다.
(4)단어들이 조합된 문장의 의미를 대략적으로 해석한다.
(5)앞으로 나올 단어들을 예측하고 안구 운동을 제어하며

부드럽게 안구를 움직인다.

읽기 능력 습득 과정은 이런 일련의 복잡한 정보처리를 막힘 없고 신속하게 진행할 수 있게 되는 숙달 과정인 것이다.

하지만 읽기의 본질은 그 너머에 있다. 적힌 내용을 단순히 글자 하나하나 그대로 이해하는 것이 아니라, 자신의 기존 지식과 아우르며 저자의 의도를 간파해가며 내용을 즐기고 비판하고 자신이 가지고 있는 지식 속에 끼워 넣는다. 그를 위해 독서를 하는 것이다. 문자로부터 전달된 정보를 얻기 위해 대부분의 정보처리를 순간적이고 자동적으로 행할 수 있는 정보처리 시스템이 있어야만 비로소 이런 모든 과정은 가능한 것이다.

예측력

막힘없이 읽기 위해서는, 당장 시선을 쏟고 있는 단어들(과 그 주변 단어들)을 읽으면서, 동시에 다음에 나올 단어들을 예측할 필요가 있다. 무엇을 할 때든 임기응변적으로 상황 대응이 가능하다는 것은, 상황 판단과 함께 재빨리 정확한 예측을 할 수 있다는 말이기도 하다. 장기나 체스 숙달자는 어떤 국면에서 어떤 수를 던지면 그 뒤로 어떤 전개에 이르게 될지, 아주 멀리까지 읽을 수 있다.

당연한 일이겠지만 앞을 읽을 수 있는 이런 능력은 스포츠 숙달에서도 반드시 필요하다. 축구선수의 임기응변적인 상황 판단은, 현재의 상황에서 이렇게 행동하면 상대팀이 어떻게 행동할 것이고, 그것이 어떤 결과로 이어질 것인지에 대한 예측이 가능하다는 것이다. 이런 능력은 실제로는 본 적이 없는 상황(요컨대 앞으로 일어날 미래의 사건)을 마음속으로 시뮬레이션할 수 있는 능력이라고 해도 무방하다. 숙달자가 임기응변적으로 행동할 수 있는 것은 이런 멘탈 시뮬레이션이 정확하고 '직감'이 탁월하기 때문이라고 할 수 있다.

chapter 3. 직관력은 어디에서 나올까

영감과 직관

'직감'은 숙달자의 진수라고 할 수 있을 것이다. 장기나 바둑 관련 숙달자들의 직관은 그 발전된 형태라고 할 수 있다. 수 하나를 둘 때마다 최선의 수를 생각하고 그것을 축적해간다. 다음에 둘 한 수에 대해서도, 승부를 결정할 최종적인 형태에 대해서도, 정해진 답은 없다. 하지만 프로기사들은 앞으로 마주하고자 하는 형태에 대해 직관적으로 통찰할 수 있고, 그 다음 한 수도 직관에 의해 무수한 선택지 중에서 최선의 후보로 좁혀갈 수 있다고 한다.

장기나 바둑에서 숙달자의 '직관'이 기능하는 방식에는 두 종류가 있다. 전체적인 종착점에 대한 직관과 다음 수에 대한 직관이다. 수많은 타이틀을 가지고 있는 프로기사 하부 요시하루羽生善治 씨는 저서 『대국관大局観』에서 전자를 '영감', 후자를 '직관'이라고 분류하고 있다. 이것은 매우 시사적인 통찰이다.

앞서 언급했던 것처럼 물리 숙달자의 경우, 문제를 본 순간 대답이 나오기 전부터 이미 해결의 도달점이 멀리서 보이고, 거기서부터 구체적으로 절차를 밟아간다. 사람들이 복잡한 문제를 해결할 때는 해당 순간이나 상황들에 따른 포인트 판단만이 아니라, 사태가 아직 해결과 거리가 멀고 불명료한 단계라도, 최종적으로 어디로 향할 것인지에 대한 직관이 매우 중요한 것이다. 하지만 숙달되지 못했을 때는 아직은 그때그때의 국지적 선택만을 머릿속에 떠올릴 수 있을 뿐이다.

하부 요시하루 씨에 따르면 '대국관'이란 여러 가지 수를 깊이 있게 읽어내지 않아도, 언뜻 본 것만으로 해당 순간의 상황과 그 이후의 전체적인 흐름을 파악할 수 있는 직관을 말한다. 또한 대국관은 경험이 쌓이면 쌓일수록 정확도가 높아지기 마련이라고 한다. 깊숙이 읽어내는 힘은 젊은 시절 쪽이 강하지만, 나이가 어느 정도 들어가면 '대국관'이 길러진다는 것이다. '대국관'이란 용어를 다른 말로 표현해본다면, 문제를 거시적으로 파악하고, 최종 도달점이 보이지 않는 국면에서도 목표로 하는 도달점을 이미지로 떠올릴 수 있는 직관이다. 숙달이란 장기에 국한되지 않을 것이다. 어떤 분야든 숙달이란 이런 직관을 길러가는 과정이라 해도 무방하다.

인식력

'직관'이 작용하기 위해서는 방대한 양의 과거 경험에 대한 기억들을 보유하고, 필요할 때 그것을 적절하게 꺼낼 수 있는 능력이 필요하다. 제1장에서 언급했던 기억의 달인들이 하고 있는 것이 바로 이것이다. 숙달자가 눈이 휘둥그레질 정도의 기억력을 가지고 있다는 것은 모든 분야에서 공통된 현상이다. 하지만 그런 탁월한 기억력은 해당 분야에서 의미 있는 정보에 대한 기억에 국한되고 있다.

뛰어난 배구 선수에게 배구 게임의 한 장면에 대한 슬라이드를 보여주고 기억력 테스트를 한 연구가 있다. 배구는 대전하는 두 팀 선수들의 위치 관계가 전략상 매우 중요한 게임이다. 뛰어난 배구 선수들은 비숙달자들에 비해 게임 장면 슬라이드를 단시간 본 것만으로 선수들의 코트 위에서의 포진 상황을 정확하게 기억해낼 수 있었다. 하지만 이런 뛰어난 기억력은 눈으로 확인했던 포진이 전략적으로 어떤 의미가 있는 구조를 가질 경우로만 국한되었다. 적당히 사람들을 배치한 것에 지나지 않는 의미 없는 포진을 보았을 경우, 그들의 기억은 보통 사람들과 별반 차이가 없었던 것이다.

발레리나의 몸동작에 대한 기억에 관해서도 흥미로운 연구 결과가 있다. 이 연구에서는 숙달자와 초심자에게 일련의 복잡한 몸동작을 가르치고 실험 참가자들에게 그것을 재현시켰다. 절반 정도의 동작들은 몸동작 전문가가 만든 클래식 발레의 패턴에 근거한 연속동작이었고, 나머지 절반은 실험자가 적당히 만든, 특정한 구조가 없는 연속동작이었다. 또한 연구에 참가했던 사람들의 절반쯤은 클래식 발레의 발레리나였고 나머지 절반은 모던 발레의 댄서였다.

클래식 발레의 댄서는 클래식 발레의 구조를 가진 연속동작일 경우, 어떻게든 연속동작을 기억했다. 하지만 무작위한 동작으로 구성된 연속동작을 제시받았을 때는 초심자와 기억 성적에 별반 차이가 없었다. 그에 비해 모던 발레 댄서의 경우엔 구조가 있는 연속동작이든 구조가 없는 연속동작이든, 초심자보다 탁월한 기억력을 보여주었다. 이것은 클래식 발레에서는 틀이 중요해서 틀에서 벗어난 움직임이 좀처럼 없는 데 반해, 모던 발레의 경우 정해진 틀 이외의 연속동작도 자주 사용되기 때문이라고 생각된다.

이처럼 사람들은 숙달 과정을 통해 해당 분야에서(숙달자 입장에서) 중요한 정보를 무척 짧은 시간에 효과적으로 기억할 수 있는 방법을 몸에 익힌다. 하지만 숙달자의 탁월한 기억력의 본질은 '해당 상황의 정보를 그대로 기억하는 힘'이 아니라, 가지고 있는 지식에 의해 상황을 인식할 수 있는 '인식력'에 있는 것이다.

통찰하는 힘과 심미안

인식력은 '식별력'이기도 하다. 숙달자는 보통 사람들이라면 이해하기 어려운 차이점을 인지할 수 있다. 병아리 감별사란 직업이 있다. 이 직업은 갓 태어난 병아리의 성별을 구별하는 직업이다. 병아리의 생식기관은 체내에 위치하기 때문에 보통 밖에서는 봐도 알 수 없다. 프로 감별사들은 우선 병아리의 항문을 살짝 열 수 있는 기술을 습득하고 병아리 생식기관의 차이에 의해 암수 구별을 한다. 이론상으로는 매우 간단해 보이지만, 미세한 패턴 차이를 가지고 구분해야 하기 때문에 무척 숙련을 요하는 직업이다. 때문에 제 구실을 할 수 있는 프로가 되기 위해서는 몇 년이나 걸린다고 한다.

숙달자는 보통 사람들에게는 보이지 않는 패턴 차이를 숙지하고 그것을 구분할 수 있다. 숙련된 버드워처bird watcher는 높은 나뭇가지 위에 앉아 있는 여러 종류의 새를 언뜻 보기만 해도 어떤 새인지 바로 구분할 수 있다. 애견 사육 전문가라고 할 수 있는 이른바 도그 브리더Dog Breeder는 동일한 종류의 개의 개체를, 원숭이 사육사나 연구가들은 무리 안에 있는 수많은 원숭이의 제각각의 개체를 구분할 수 있다.

이런 식별력의 연장선에 있는 숙달자의 인지 능력은 '심미안'일 것이다. 숙달자는 보통 사람들이 감지할 수 없을 정도의 매우 자잘하고 엄격한 기준으로 그 완성도의 차이를 판단할 수 있다. 일류 미술가는 평범한 사람들에게는 하나같이 훌륭해

보이는 완성된 작품들의 대부분을 폐기해버린다는 이야기를 자주 듣는다. 일류 숙달자들은 보통 사람들에게는 도저히 구분이 가지 않는 레벨에서 그 완성도에 대한 판단이 가능하다. 최고의 것과 그렇지 않은 것을 구분할 수 있는 심미안이 일류 퍼포먼스를 뒷받침하고 있는 것이다.

한참 옛날에 『혼아미 행장기本阿弥行状記』(나카노 고지中野孝次저)란 책을 읽은 적이 있다. 이 책은 린파琳派(장식성이 강하고 독창적인 일본 에도 시대 회화의 한 유파-역자 주)의 시조이자 다와라야 소다쓰俵屋宗達와 함께 유명한 '사가본嵯峨本(교토 사가의 거상 스미노쿠라 소안角倉素庵이 능서가들의 협력을 얻어 출판한 서적들의 총칭-역자 주)'을 만들었던 일본의 3대 명필 중 한 사람, 혼아미 고에쓰本阿弥光悦를 중심으로 한 혼아미 가문에 대한 소설풍 평전이다. 혼아미 고에쓰는 '후지산不二山'을 비롯하여 국보가 된 멋진 도자기 작품들을 만든 도예가이자, 침이 꼴깍 넘어갈 정도로 숨 막히게 아름다운 칠공예 작품을 남긴 미의 궁극적 탐구자인 동시에, 탁월한 안목을 가진 사람으로도 저명하다. 혼아미 가문은 본래 도검의 연마와 감정을 가업으로 하고 있었으며 고에쓰 본인도 다시없이 탁월한 도검 감정인이었다. 이 책은 고에쓰만이 아니라 대대로 혼아미 가문 사람들이 어떤 기개와 정신으로 어떠한 수행을 해왔으며, 다른 가문에 전혀 추종을 불허하는 도검 감정인으로서 그 기량을 어떻게 익혀왔는지 상세히 묘사하고 있다.

도검 감정에 대해서 고에쓰의 손자인 혼아미 고호本阿弥光甫가 혼아미 가문에 전해지는 예술의 심오함에 대해 전한 이야기 중 이런 대목이 있었다.

"이렇게 보이는 것은 이렇게 만들어져 있기 때문이다. 이렇게 만들면 이렇게 될 것이라고 밝힐 수 없는 사람은 납득하기 어렵다."

나카노 고지는 이렇게 적고 있다.

실제로 거기에 있는 것을 보고 감정하는 것이라면 누구라도 가능할 것이다. 하지만 그렇다면 붉게 녹슬어버린 칼은 어디까지나 그저 녹슨 칼로 보일 뿐이리라. 애벌로 흙만 바른 초벽에 드러난 문양은 그저 흙이 마른 상태에 따른 차이로밖에는 보이지 않을 것이다. 하지만 명인의 영역에 도달한 사람은 눈앞에 있는 붉게 녹슨 칼 안에 있을 본연의 모습, 그 자태를 볼 수 있다. 흙만 바른 초벽의 어지러운 문양 안에서 대나무 숲이나 바위산이나 호랑이의 자태를 표현하고 싶어 하는 마음을 찾아낼 수 있다. 이렇게 만들면 이렇게 될 거라고, 그 완성된 모습을 상상할 수 있다. ……

그림이든 글씨든 도자기든 칼의 도道이든, 그 점에는 변함
이 없다. 예술의 도를 완성시킨다는 것은 어떤 이상적인 모
습을 마음속에 있는 눈으로 선연히 볼 수 있는 경지에까지
이른다는 말이다.

나카노 고지 『혼아미 행장기』

이것은 앞서 소개했던 하부 요시하루 씨의, '초반임에도 이
미 전체의 움직임이 보이는 대국관'과 그 뿌리가 같을 것이다.

▬ 심적 표상

지금까지 이 장에서는 숙달자의 탁월한 퍼포먼스나 사고를
뒷받침하는 인지능력에 대해 언급해왔다. 즉시 그 본질을 꿰
뚫는 힘, 임기응변에 강한 응용력, 보통 사람들에게는 보이지
않는 것을 분별할 수 있는 식별력과 지금 눈앞에는 보이지 않
는 어떤 것의 궁극적인 모습을 머릿속으로 그려낼 수 있는 심
미안. 이런 능력의 배후에 있으며, 탁월한 판단이나 행동을 가
능케 하는 마음속 판단 기준을 인지과학에서는 '심적 표상'이
라고 한다. 이 심적 표상을 보다 세련되고 보다 양질의 것으로

길러가는 것이 숙달의 과정인 것이다.

풍요롭고 세련된, '양질의' 심적 표상은 어떻게 길러질 수 있을까. 이 점에 대해서는 마지막 장에서 다루고자 한다.

제5장
숙달에 의한 뇌의 변화

지금까지 숙달자가 가진 인지적 특징에 대해 언급해왔다. 무의식적으로 몸으로 할 수 있는 신속하고 정확한 퍼포먼스, 적확한 예측, 탁월한 직관, 인식력, 심미안. 이런 인지 기능들은 뇌의 어떤 변화에 의해 초래될까.

chapter 1.

뇌의 구조와 숙달

뇌 기능의 기본

뇌가 어떤 역할들을 분담하면서 기능하는지, 극히 대략적으로 설명해보겠다. 뇌의 피질은 크게 나누어 전두엽, 두정엽, 측두엽, 후두엽이라는 네 부분으로 나뉘어진다(그림 5-1). 후두

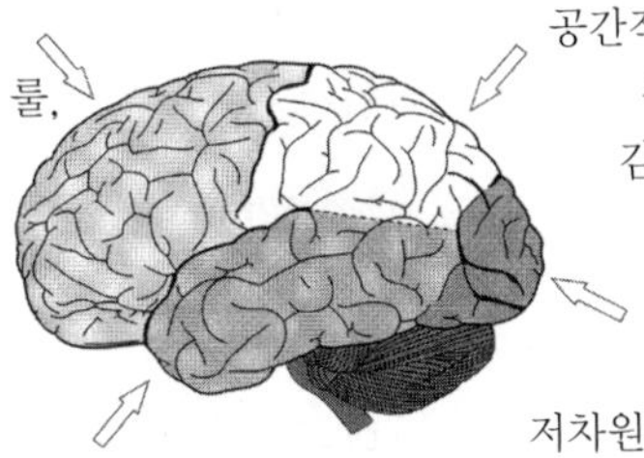

그림 5-1 두뇌 피질의 대략적인 구조와 기능

엽은 시각야視覚野(시각 영역)라고도 불리는데 시각 정보의 사전 처리를 관장한다. 측두엽은 물체의 인식, 청각의 처리 등을 담당한다. 두정엽은 공간적 시각처리(물체끼리 어떤 위치 관계에 있는가 등), 감각 운동의 처리, 주의 컨트롤에 깊이 관여하고 있다. 전두엽은 외계로부터 들어온 정보를 일시적으로 보유하고 있거나 정보를 통합하기도 하는 등 고차원적인 인지 기능의 사령탑 역할을 담당하고 있다고 알려져 있다.

사고를 담당하는 곳은 어디에 있는가?

"사고를 담당하는 곳은 전두엽에 있다"는 말을 자주 접한다.

"전두엽을 활성화시키면 머리가 좋아진다"는 따위의 말도 듣는다. 이것은 과연 사실일까?

결론부터 말하자면 이런 표현들은 사실을 매우 단순하게 만들고 동시에 왜곡시키고 있다. 애당초 어떤 짓을 해도 뇌의 특정한 곳만이 기능하고, 다른 부분은 아무것도 하지 않는 것 따위는 있을 수 없다. "언어는 좌반구 측두엽이 중요하다"는 것은 좌반구 측두엽에만 언어 정보가 입력된다는 말이 아니다. 언어를 이해하거나 말을 할 때 그곳만이 활동하고 있다는 말도 아니다. 운동을 할 때 운동야(운동 영역)만이 기능하고 있는 것도 아니며, 수학 문제를 풀고 있을 때 전두엽이나 두정엽만이 활동하고 있는 것도 아니다.

▬▬ 행동을 제어하는 네트워크

뭔가 과제를 할 때 두뇌는 상이한 장소에서 상이한 처리를 분담해서 행하는데 그것을 전체적으로 조정하고 전체로서의 조화를 유지할 필요가 있다. 전두엽만이 '사령탑' 기능을 담당하고 있는 것은 아니다. 자연스럽게 행동하기 위해서는 주의를 필요한 곳에 향하게 하는, 자신이 하고 있는 것을 모니터하는, 지금 행하고 있는 것에 대해 자신의 감정을 평가하는, 과제의 최종 목표와 현재 상황의 거리를 평가하는, 여러 정보처리의 우선순위를 결정하고 필요에 따라 다른 방면으로 주의를 바꾸는 등, 여러 가지를 동시에 조정해갈 필요가 있다. 이것은 전두엽만으로 가능한 일이 아니며 전두엽, 두정엽 등을 포함한 뇌의 표면 피질 부분과 심부에 있는 부분, 양쪽 모두가 관여하는 광범위한 네트워크를 사용해 이루어진다.

그림 5-2가 나타내고 있는 것은 어떤 스킬에 대한 실행에도 공통적으로 관여하고 있다고 생각되는 장소다. 주로 전두전야 배측, 전대상피질/보족운동전야, 두정엽후부, 도피질전부, 대뇌기저핵, 시상, 소뇌 등이 관여하고 있다고 추정되고

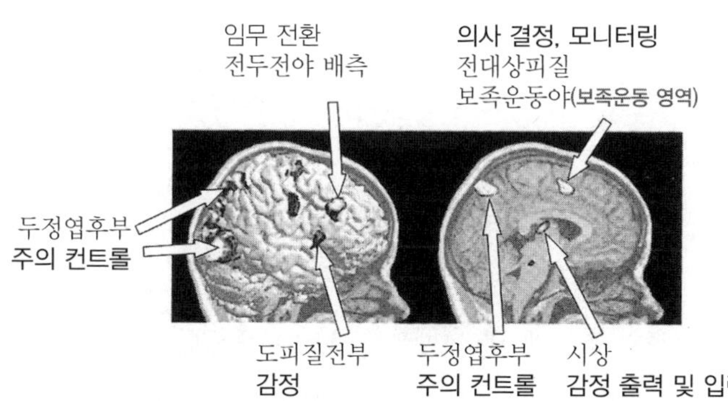

그림 5-2 일반적인 인지 기능의 제어에 관여하는 뇌 안의 네트워크
(Hill & Schneider, 2011)

있다. 대뇌기저핵은 뇌의 중심부에 있으며 운동 조절에 중요한 기능을 한다. 소뇌는 운동 제어, 학습에 매우 중요한 곳으로 알려져 있다. 하지만 요즘 대뇌기저핵이나 소뇌가, 운동 이외에도 여러 가지 인지 기능을 담당하고 있고, 학습 전반에 중요한 역할을 다하고 있다는 사실을 알 수 있게 되었다. 전대상피질이나 도피질은 감정의 정보처리에 관한 부위로 생각되고 있는데, 뭔가를 실행할 때(특히 학습 초기에서는) 운동 처리만이 아니라 감정에 관한 부분도 제어 네트워크에 포함된다는 것은 무슨 일을 하든지 감정의 역할을 무시할 수 없다는 사실을 드러내고 있다. 뇌의 각 부위에 대한 이름까지 외울 필요는 없겠지만, 어떤 것을 하기 위해서 뇌의 표층부와 심층부 양쪽 모두를 포함한 광범위한 네트워크가 기능하고 있다는 사실만은 꼭 기억해두길 바란다.

▭ 원활한 정보처리를 위한 뇌의 변화

개별적인 스킬에 대한 학습은, 한마디로 말하자면 이 공통 부위에 의거한 제어 시스템이 제 각각의 스킬을 효율적이고 정확하게 행하기 위해 점차 개량되고 최적의 상태로 변해가는 과정이라고 생각할 수 있다. '개량된다'는 것은 구체적으로는 개개의 스킬에 대한 수행에 특히 필요시되는 정보처리를 원활하고 신속히 행하기 위해 특화된 네트워크 시스템을 만들어간다는 것이다. 이 특정한 스킬에 특화된 네트워크 시스템은 자동적인 고속 처리를 가능케 한다. 하지만 원래의 여러 가지 스킬 수행에 공통되는 일반적인 제어 시스템이 사용되지 않게 되어버린 것은 아니며, 원래의 시스템 역시 남겨져 있다.

어떤 스킬을 기억한 지 얼마 되지 않았을 무렵에는 대부분의 정보처리를 스킬 공통의 제어 네트워크로 행할 수밖에 없다. 어디에 주의를 기울여야 좋을지 아직 잘 모르기 때문에 잡다한 정보에 주의를 기울여야 하고, 네트워크가 해당 스킬에 맞게 조정되어 있지 않기 때문에 정보처리의 부담이 매우 크다.

몇 번이고 거듭 반복함으로써 해당 스킬에 특화된 기억이 그와 관련된 뇌의 여러 곳에 점차 저장된다. 그리고 해당 스킬에 맞추어 튜닝된 제어 시스템이 만들어지게 된다. 그로 인해 해당 스킬을 실행할 때 기존의 학습에 의해 뇌의 각 부분에 축적된 기억들을 자동적으로 신속히 꺼낼 수 있게 되는 것이다.

자동 처리의 함정

단, 정보처리의 모든 것들을 자동 처리로 전환해버리는 것이 좋은 일이기만 한 것은 아니다. 특정 스킬에 특화된 자동 처리는 처리 스피드가 빠르고 인지 부하가 적은 반면, 일단 처리 시스템이 만들어져 버리면 수정이 쉽지 않다. 스킬 공통의 제어 처리는 처리 속도가 더디고 동시에 처리할 수 있는 용량도 제한된다. 하지만 그만큼 정보처리가 유연하고 수정이 가능하다.

조금 전 언급했던 것처럼 어떤 스킬을 재빨리 수행하기 위해서는 외부 정보에 대해 우선순위를 정하고 해당 스킬을 위한 가장 중요한 정보를 재빨리, 군더더기 없이 선택할 수 있도록 뇌가 학습하는 것이 중요하다. 반대로 말하자면 일단 그러한 처리 네트워크를 뇌가 만들어버리면 선택하도록 학습된 정보 이외에는 학습자 내면으로 들어오지 않고 그냥 지나쳐버리게 된다. 정보처리의 모든 것을 자동화해버리면 처리가 완전히 굳어져 버리고, 완벽히 동일한 정보에만 주의를 기울이게 된다. 그렇게 되면, 예를 들어 골프나 야구의 타격 폼을 크게 바꾸는 것 등, 해당 스킬을 근본적으로 다시 생각해보는 것이 어려워진다. 본래는 중요하다고 할 수 있는 정보에 대해 주의를 쏟을 수 없게 되어버리기 때문이다.

제2장에서 유아기 모국어 학습의 중요한 부분은 효율적인 모국어 학습을 위해 정보처리 시스템을 창출해내는 것이라고 언급했던 것을 상기해주길 바란다. 일본어를 모국어로 하는 아기의 경우, 막 태어났을 때부터 생후 8개월경까지는 'r'과 'l'을 비롯하여 세계 여러 언어들에서 사용되는 모든 음소들에 대한 구별이 가능했지만 해당 시기를 벗어나면 구별하지 못하게 된다는 사실을 언급했다. 이것은 그야말로 뇌가 자동화된 제어 네트워크를 구축함으로써 학습에 필요 없는 정보에는 더 이상 주의를 기울일 수 없게 되어버린 예라고 할 수 있다.

아이가 언어 학습을 시작할 무렵에는 사람의 목소리에 포함된 음성 정보 안의 모든 음들의 특징에 주목한다. 때문에 세세한 차이를 눈치 챌 수 있다. 요컨대 이것은 모국어의 정보처리를 할 때는 효율이 나쁘지만 범용성 있는 정보처리를 하고 있다는 말일 것이다. 그런데 모국어에서 단어들을 학습하기 위해 필요한 음소들을 학습하고 음성 입력 정보를 자동적으로 모국어 음소 카테고리에 따라 취합하게 되면, 모국어 음성 정보 처리 전용 신경 네트워크 시스템이 만들어지며, 그로 의해 음성 입력을 단어로 세분해가는 프로세스가 그 효율성을 더하게 된다.

한편 일단 특정 처리 경로가 확립되어버리면, 음소 카테고리가 상이한 언어를 학습할 때도 모국어 전용 정보처리 시스템이 사용되어버린다. 그에 따라 외국어 음소 카테고리에 따른 정보처리 계열로 수정하는 것이 어려워지는 것이다. 성인들이 영어의 r과 l을 구분할 수 없는 것은 일본어 음성 정보처리에 불필요한 음의 차이에 주의를 기울일 수 없게 된 현상으로, 뇌가 이미 일본어 음성처리를 효율적으로 할 수 있는 네트워크 시스템을 만들어버린 결과다.

숙달자가 실제로 행하고 있는 것은 매우 복잡해서, 다수의 스킬 요소들을 조합시킬 필요성이 대두된다. 언어를 유창하게 다루는 것, 책을 읽는 것, 뇌의 퍼포먼스 등에 대해, 제4장에서 언급했던 것을 다시금 상기해주길 바란다. 진정으로 숙달된 퍼포먼스를 행하기 위해서는, 모든 것들을 자동으로 처리하는 방향으로 갈 것이 아니라, 자동 처리와 제어 처리라는 두 가지 시스템을 만들어가며, 두 시스템 모두를 적절한 밸런스를 유지하면서 기능하게 하는 것이 중요하다. 뇌는 이 두 시스템을 어떻게 조정해가야 할지를 배워야만 한다.

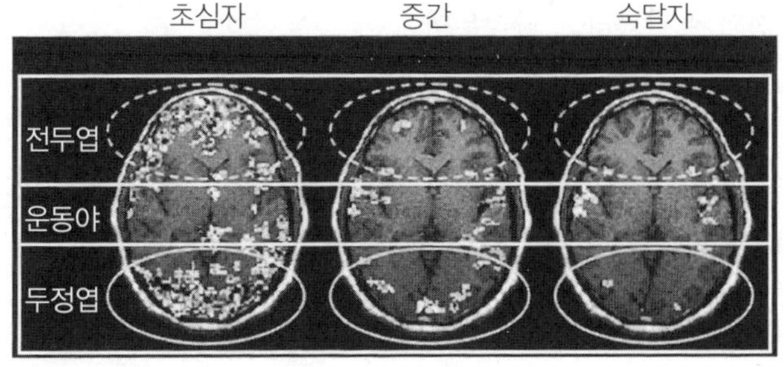

그림 5-3 숙달에 따라 감소하는 뇌 활동(Hill & Schneider, 2011)

━ 뇌 활동의 증대와 감소

학습이 진행되고 숙달된다고 언제나 뇌가 왕성히 활동하게 되는 것은 아니라는 사실에 대해 이미 언급한 바 있다. 그림 5-3은 특정 운동을 학습하고 숙달해갔을 때, 뇌의 활동 방식이 어떻게 변화하는지를 나타낸 것이다. 왼쪽은 학습을 막 시작했을 무렵, 오른쪽은 과제 스킬에 숙달된 상태, 한가운데 있는 것이 그 중간 상태다. 하얗게 보이는 것은 학습 전에 비해 활동이 증대된 곳이다. 뇌 활동 정도는 학습이 진행됨에 따라 전체적으로 감소하고 있다는 것을 알 수 있다. 특히 감소가 현저한 곳은 전두엽 부분과 두정엽 후방 부분이다. 요컨대 주의를 컨트롤하는 부분이다. 이는 운동 스킬 습득이 잘 이루어지게 되면서 굳이 의식적인 주의를 필요로 하지 않는 자동 처리로 전환된 결과라고 파악된다.

한편 운동 영역(운동야)의 활동량은 학습 단계에 따라 감소해가기는 하지만, 활동 패턴에는 변화가 보인다. 그림 5-3의 세 가지를 비교해보면 알 수 있듯이, 학습 초기의 운동 영역은 뇌의 광범위한 부분에 걸쳐 활동이 산재해 있는 데 비해 숙달 단계에 이르면 좌우 끝에만 집중적인 활동이 확연히 보인다는 사실을 알 수 있다. 이것은 숙달에 따라 과제와 가장 관련 있는 운동 영역의 세포군이 집중적으로 재편성되었기 때문이라고 생각된다. 요컨대 학습 과정에서의 뇌의 부분적인 변화는 여러 가지 형태로 드러날 수 있다. 우선 신경 세포가 활발하게 활동하는 장소가 변한다. 스킬에 필요한 특정 자극에 반응하는 세포군이 늘고 신경 네트워크가 재편성되며, 신경 세포가 활발히 활동하는 부위가 변해가는 것이다.

이렇게 설명해도 뇌 의학이 생소한 독자 분들에게는 구체적인 이미지가 떠오르지 않을지도 모른다. 이어서 음악 숙달 과정에서 뇌가 어떤 형태로 변화하는지 구체적으로 드러난 예를 소개해보겠다.

chapter
2.

뇌는 어떻게 변화할까?

▇ 음 처리 방식이 바뀐다

음악 숙달에 의한 변화는 우선 음을 처리하는 방식에서 나타난다. 독일 음악팀이 행한 실험에서는 프로 음악가, 아마추어 음악가, 음악 공부를 딱히 한 적이 없는 비음악가 등 세 그룹을 대상으로, 단순음을 들려주었을 때의 1차 청각야(청각 영역)의 반응을 조사했다. 그림 5-4를 봐주길 바란다. 뇌에서는 시각 정보처리든 청각 정보처리든, 한 군데에서 한꺼번에 처리되는 것이 아니라 모든 과정이 단계적으로 진행된다. 음은 우선 특정 주파수의 음(음의 높이)이나 크기에 대해 자동적으로 반응하는 신경 세포로 처리된다. 이것은 '음'을 거의 고차원적으로 인식하지 않고 처리하기 때문에 '저차원 처리'라고 일컬어진다. 그 다음 하모니나 멜로디, 리듬 부분 처리를 담당하는 세포들이나, 나아가 그런 모든 것들을 통합한 음악 처리를 하는 세포들에 의해, 인식을 동반하는 처리 정도를 심화시키며 순차적으로 처리되어간다고 파악되고 있다.

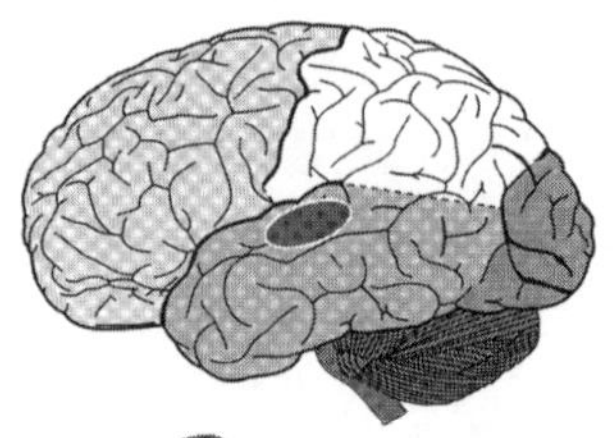

프로 음악가들은 일반인들에 비해 1차 청각야(청각 영역) 활동량이 왕성하고 회백질(灰白質) 부피도 크다.

아마추어 음악가들보다 프로 음악가들은 (엄지손가락 등의) 악기를 연주하는 1차 감각야(감각 영역)의 활동이 왕성하다.

그림 5-4 음악가의 뇌

감각야(감각 영역) 중 좌측이 점유하는 부분의 부피가 아마추어나 일반인에 비해 증대되고 있었다. 하지만 우측에 대응하는 부분에서는 이런 증대가 보이지 않았다(Schneider et al., 2002., Erbert, Tantev and Weinbruch, 1995).

이 연구에서는 '저차원 처리' 방식이 음악 숙달 정도에 따라 어떻게 변화했는지를 살펴보았다. 이 실험 과제는 음악의 화음이나 리듬을 분별하는 것이 아니라, 건강진단에서 청각 검사를 할 때처럼 '삐—'하는 음의 높이를 구별해서 들을 수 있는 단순한 과제였다. 실험 참가자들은 예를 들어 500헤르츠의 음이 이어진 후, 음의 높이가 변하면 단추를 눌러 반응하는 식으로 실험에 임했다.

연구팀은 그때의 1차 청각야(청각 영역) 활동을 자기 뇌 촬영

MEG이라는 장치를 이용하여 측정했다. 매우 미약한 자기장 변화를 포착하는 장치다. 또한 뇌 활동 측정 전 참가자들 각자에 대해 '음악적성검사'라는 음높이 식별 테스트를 실시했다. 자극이 된 음높이가 변했을 때, 프로 음악가들과 일반인 사이에서는 1차 청각야 반응이 명백히 상이했다. 언뜻 보면 음악과 무관하게 단순히 음높이를 구별해내는 건데도, 프로 음악가들은 초심자에 비해 자극이 변한 직후(19밀리초에서 30밀리초) 1차 청각야 활동이 현저했다.

▁▁ 뇌 구조도 변화한다

프로 음악가들과 음악 초심자와의 차이는 단순한 반응 차이에만 머무르지 않는다는 것도 알 수 있었다. 정보처리를 하는 피질 부위의 부피가, 프로 음악가들의 경우 일반인들에 비해 30% 가까이 컸기 때문이다. 아마추어 음악가의 경우는 프로와 일반인들의 중간 정도였다. 심지어 흥미롭게도 음의 높이를 식별하는 능력이 높을수록, 뇌 측정 실험에서 보이는 뇌 활동 변화가 왕성했으며, 나아가 이 부분의 부피도 크다는 사실을 발견했다.

다른 연구 그룹은 프로 음악가와 아마추어 음악가, 일반인들 그룹의 피질 부피를 뇌 전체의 각 부위별로 비교했다. 그러자 프로 음악가들은 감각운동야(감각운동 영역), 보족운동야(보족운동 영역), 소뇌 등 운동 학습이나 스킬 학습에 중요한 역할을 담당하는 부분과 상두정소엽, 하측두엽 등 음악 기호를 음으로 전환하고 나서 운동으로 연결시키는 부분이 일반인에 비해 커져 있다는 사실을 알 수 있었다. 여기서도 역시 아마추어 음악가들은 프로 음악가와 일반인들의 중간이었다.

숙달에 의한 뇌 구조 변화는 특정 악기 연주에 특화되어 발생되는 경우도 있다. 예를 들어 바이올린이나 첼로 등 현악기 연주에서는 왼쪽 손가락을 섬세하게 움직인다. 현악기 프로 연주자의 뇌 크기를 조사했더니, 감각야(감각 영역) 안의 좌측이 차지하는 부분의 부피가 아마추어나 일반인들에 비해 커져 있었다. 하지만 우측에 대응하는 부분에서는 이런 증대가 보이지 않았다.

프로 음악가를 목표로 한 오랜 세월에 걸친 연습은, 음에 대한 반응이나 음악 기호의 음으로의 변환, 연주로 이어지게 하기 위한 운동으로의 전환 등, 음악에 관한 여러 부분의 뇌 세포를 증대시키고, 음악 연주 실행이나 학습에 최적화된 신경 네트워크를 만들어내는 것이다.

chapter
3.

다른 사람에게 배울 때의 뇌의 변화

학습은 모방에서부터

악기 연주든 스포츠든 그 외의 스킬이든, 대부분의 경우 우리들은 누군가(선생님이나 코치님)가 하는 것을 보고, 그것을 흉내 내보는 것에서 시작한다. '모방'이라고 하면 '원숭이 흉내'라는 표현을 떠올리는 사람도 있을지 모른다. 하지만 행위, 혹은 행동은 그 어떤 것이든—예를 들어 뭔가를 '포착하는' 등의 매우 일상적이고 당연한 것조차— 실은 매우 추상적인 법이다. 우선은 행위의 목적이나 의도를 이해해야 한다. 그런 다음 그것을 달성하기 위한 행위의 범위(카테고리)를 이해해야만 비로소 다른 사람의 행동을 모방할 수 있다. 숙달됨에 따라 상황을 보는 시각이 바뀐다. 마찬가지로 타인의 행위를 볼 때의 시각도 바뀐다. 똑같은 인간의 똑같은 행동을 봐도 숙달자와 초심자는 상이한 관점에서 상이한 방식으로 바라보는 것이다.

그렇다면 다른 사람의 행위를 관찰할 때 뇌는 어떻게 활동할까. 그리고 그때 숙달 정도에 따라 뇌가 활동하는 방식은 어떻게 다를까.

___ 거울 신경 세포

독자 분들 중에는 '거울 신경 세포Mirror neuron'라는 말을 들어본 적이 있는 분도 많을 것이다. 거울 신경 세포라 일컬어지는 세포는 지아코모 리조라티Giacomo Rizzolatti라는 이탈리아 연구자에 의해 발견되었다. 원숭이를 대상으로 한 실험에서 실험 진행자인 인간이 먹이를 집었을 때, 원숭이에게서 자기가 직접 먹이를 취할 때와 똑같이 활성화되는 신경 세포의 존재가 발견되었다. 요컨대 타자가 한 행위를 스스로가 한 행위로 간주하는 일이 뇌 안에서 이루어지고 있다는 말이다.

거울 신경 세포의 존재는, 인간을 포함한 생물들이 타자로부터 학습할 때 뇌가 어떻게 작용하는지를 명확히 보여준 커다란 진전이었다. 사람들이 타인의 행동을 관찰할 때 그 행동을 모방하고 자신의 마음속에서 마치 그것을 자신이 한 것처럼 생각한다는 사실을 많은 연구를 통해 알 수 있다. 그때 관계하는 것이 운동전야(운동전 영역), 하두정소엽, 상측두구를 포함한 네트워크일 거라는 사실도 점차 알 수 있게 되었다. 이 네트워크는

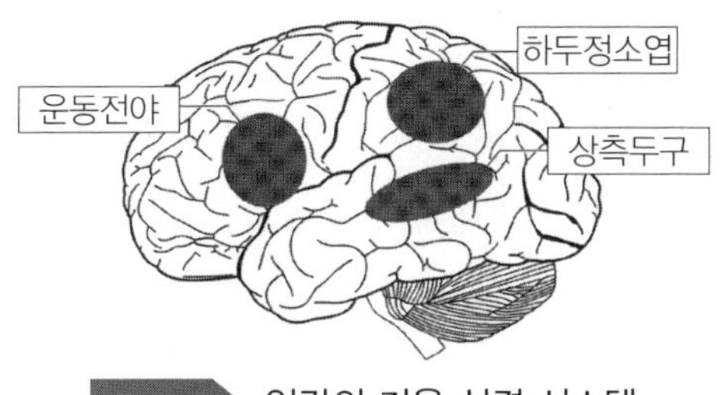

그림 5-5 인간의 거울 신경 시스템

'거울 신경 시스템'이라 일컬어지고 있다(그림 5-5).

___ 자신의 경험이 타인의 행위에 대한 시각을 바꾼다

　거울 신경 세포의 존재가 어찌 되었든, 모방에 의한 학습이 뇌 안에서 어떻게 이루어지고 있는지를 알아보는 것은 학습의 구조를 이해하는 데 매우 중요한 일이다. 어떤 연구에서는 프로 발레 댄서와 프로 카포에이라capoeira(무술을 겸비한 브라질 전통 춤) 경기자들 각각의 숙달자 그룹과, 양쪽 모두 경험이 없는 초심자 그룹을 대상으로, 발레와 카포에이라의 움직임에 대한 비디오를 보여주었다. 발레 댄서가 발레의 움직임을 봤을 때와 카포에이라 경기자가 카포에이라의 움직임을 봤을 때는 조금 전 나왔던 거울 신경 시스템의 활동이 활발해져 있었다. 거울 신경 시스템의 활성화는 스스로에게 숙달된 움직임을 봤을 경우로만 국한되어 있다. 즉 발레 댄서가 카포에이라의 움직임을 봤을 때, 혹은 그 반대의 경우는 초심자의 뇌 활동 방식과 별반 다르지 않았다.

여기서 더더욱 흥미로운 사실이 발견되었다. 똑같은 발레 댄서라도 자신이 습득했던 움직임과 그렇지 않은 움직임, 그 어느 쪽이냐에 따라 뇌 활동 방식이 달랐다. 고전 발레는 성별에 따라 움직임이나 포즈 등이 매우 이질적이다. 단, 연습과 연기 모두 남녀가 함께 하기 때문에 그들은 파트너의 움직임에 대해 충분히 숙지하고 있다. 그럼에도 불구하고 자신이 몸으로 습득한 움직임이나 자신이 직접 하지 않는 파트너의 움직임만을 볼 때는, 그 어느 쪽이냐에 따라 뇌 활동 방식이 크게 달랐다.

요컨대 자신이 실제로 신체를 움직여서 습득하지 않으면, 몇천 번이든 몇만 번이든 아무리 관찰해도 소용이 없다는 말이다. 숙달자 수준으로 뇌가 활성화되지 않기 때문이다. 사람들은 타자를 관찰하고 타자로부터 많은 것들을 배운다. 하지만 그때 타자의 행위를 분석하고 해석하고 마음속으로 그 움직임을 흉내 내고 그것을 실제로 자신의 신체를 써서 반복해야 한다. 다른 사람을 모방해서 배울 때 그런 과정은 필수 불가결한 것이다.

이것은 운동에 국한되지 않는다. 언어 습득 역시 마찬가지다. 아이들은 어른들이 모국어를 사용하는(요컨대 이야기를 하는) 것을 모방하면서 모국어를 배운다. 하지만 그것은 결코 '원숭이 흉내'가 아니라 부모가 사용하는 언어를 들었을 때, 입력된 내용에 대해 분석하고 해석하고 스스로 언어의 구조를 발견함으로써 언어를 스스로 만들어내는 일인 것이다. 결국 모방에서 시작해서 그것을 스스로 해석하고 사용함으로써 자신의 신체에 집어넣는다는 것은 언어나 운동에 국한되지 않고 모든 것들에 대한 학습·숙달 과정에 대해서도 필요한 일이라는 말이다.

chapter 4.
'직관'은 어디에 있을까?

▬ 신체 일부로 변한다

처음부터 몸으로 기억했던 지식만 신체의 일부가 되는 것은 아니다. 막 배웠을 때는 달달 외웠을 뿐 실제 문제에서는 좀처럼 사용할 수 없었던 물리 공식이라도, 물리 문제를 푸는 연습을 거듭해가면 문제를 보자마자 어느 공식을 어떤 형태로 적용시켜야 할지 알 수 있게 된다. 처음에는 사실로만 기억된 공식이라도 몇 번이나 사용되는 과정을 거치면 절차가 내포된 지식, 즉 신체의 일부로 사용할 수 있는 지식이 되는 것이다.

체스나 장기, 바둑 등도 그렇다. 보통 때 이런 게임들은 누군가가 가르쳐주어서 룰과 게임 방식을 배워간다. 요컨대 무의식적인 학습이 아니라 최선을 다해 기억하고자 해서 기억하는 학습이다. 맨 처음에는 룰을 기억하는 것이 고작이었지만 점차 경험이 쌓여감에 따라 룰은 신체의 일부가 되고, 룰을 일일이 의식에 떠올릴 필요가 없어진다.

이때 신체의 일부가 된 것은 룰만이 아니다. 공부한 정석이나 과거에 경험했던 포진도 맨 처음에는 '사실의 기억'이었던 것이 몇 번이고 사용함에 따라 필요할 때 자유자재로 꺼낼 수 있게 되고 변형시켜 사용하거나 무의식적으로 할 수 있게 된다. 맨 처음에는 '사실의 기억'이었던 것이라도 그것을 계속 사용함으로써 '신체화된 절차의 기억'으로 바뀔 수 있는 것이다.

___ 직관은 고피질에 있다

일류 숙달자가 가진 '임기응변력'이라는 것은 다른 말로 하면 '적확하고 유연한 판단력'이라고 부를 수 있다. 그렇다면 그런 탁월한 판단력은 어디에 기인한 것일까. 그 일부를 포착한 연구가 있다.

이화학연구소팀은 장기 프로기사가 판단을 할 때의 뇌 활동을 조사했다. 우선 계속해서 장군을 부르는 이른바 외통 장기에서의 뇌 활동을 계측했다. 제시된 국면에서 그 다음에 놓아야 할 최선의 한 수를 무척 단 시간에 생각하도록 한 것이다. 그리고 그 다음, 시간적으로 여유가 있는 상황에서 다음 한 수를 판단했을 때와 마지막으로 판단은 하지 않은 채 여러 가지 시각적 자극을 '보기만 했을' 때의 뇌 활동도 측정했다. 하부 요시하루 씨를 비롯한 장기 최고 프로기사들 외에, 아마추어 기사 상위자와 하위자 등 두 그룹이 실험에 참가했다.

앞장에서 언급했던 것처럼 순간적인 판단의 근거는 '직관'이다. 시간을 두고 깊이 고민한 후 판단하는 경우도 있지만 시간적으로 절박한 상황에서 즉시 판단을 내려야만 할 때도 있다. 그런 순간 프로기사는 많은 선택지를 생각해내는 것이 아니라 기껏해야 세 가지 정도의 선택지밖에는 머릿속에 떠오르지 않

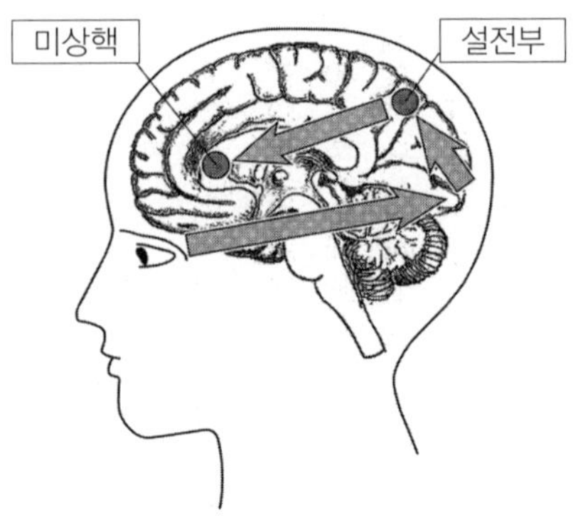

그림 5-6 프로기사의 직관을 뒷받침해주는 뇌의 내부 네트워크

는다고 한다. 프로기사가 시간적으로 여유가 있는 상황에서 다음 수에 대해 생각할 경우와 비교했을 때, 보다 왕성하게 활동하는 부위, 즉 순간적으로 판단해야만 할 때 왕성하게 활동하는 뇌의 부위가 '직관'과 깊이 연관되어 있을 것이다. 바로 대뇌기저핵의 일부인 미상핵이라는 부위가 그곳이었다.

그림 5-6을 봐주길 바란다. 대뇌기저핵은 뇌의 심부, 중심 부근에 위치하고 있는데, 특히 반복된 경험을 통해 무의식적으로 행해지는 학습이나 습관적인 행동의 기억에 깊이 관여하는 것으로 파악되고 있다. 또한 파충류 등 진화상으로 낮은 단계의 동물이라도 가지고 있는 이른바 '고피질'이라고 일컬어지는 곳으로, 본능적인 행동을 관장하는 부분이다. 순간적인 판

단을 할 때, 요컨대 직관이 중요한 순간, '사고의 자리'라고 일컬어지는 전두엽 등의 '신피질'이 아니라, 다름 아닌 '고피질'이 활발히 움직이는 것이다. 이 점은 학습과 숙달 과정을 생각할 때 매우 중요하다고 할 수 있다. 숙달자의 직관과 임기응변적인 판단은 오랜 세월에 걸친 습관적 경험의 반복을 통해 생겨난다는 것을 의미하기 때문이다.

___ 전체를 꿰뚫어보는 직관

제4장에서 숙달자는 다음에 어떤 수를 선택할지에 관한 직관과 함께, 최종적인 도달점을 꿰뚫어보는 직관력을 가진다고 언급했다. 이 점 역시 뇌 과학 연구에 그 바탕을 두고 있다.

이화학연구소팀은 또 다른 실험에서 여러 장기판을 계속 보여주고, 조금 전의 실험과 마찬가지로 다음에 둘 수를 판단하도록 한 후 그때의 뇌의 반응을 계측했다. 이번에는 뇌 여러 부위의 전위의 변화(뇌파)를 뇌 활동의 지표로 삼았다. 뇌의 정보처리는 끊임없는 전기 신호의 변화로 머리 표면에 출현한다. 머리 표면 전체에 자잘한 간격으로 전극을 붙이고, 각각의 전극에서 전기 활동의 변화 데이터를 모으면, 뇌가 어떻게 반응하고 있는지를 시간 축에 따라 추정할 수 있는 것이다.

제시한 장기판에는 전략상 의미가 있는 말들의 배치와 의미가 없는 배치가 있었다. 말들의 배치가 의미가 있는 장기판을 보았을 때의 프로기사의 뇌는 제시 직후 전두부와 측두부에서 현저한 활동이 보였으며, 그뿐만 아니라 그 후에 두정부의 반응이 보였다. 한편 의미가 없는 무작위한 말들의 배치가 보이는 장기판에서는 그런 반응이 보이지 않았다.

연구팀은 의미가 있는 말들의 배치에 대해서만 반응하는 전두부와 두정부는 전체적인 의미의 이해와 관련되어 있고, 의미가 있건 없건 반응하는 측두부는 전체를 구성하는 요소 정보의 인식과 연관되어 있다고 생각하고 있다. 요컨대 뇌의 전두부와 측두부 각각에서 전체적인 의미와 개별적인 요소가 거의 실시간으로 처리되고, 그 후 두정부에서 정보가 통합되고 있다는 것이다. 바꿔 말하면 프로기사는 장기판을 본 순간, 그 장기판의 '의미'를 인식하고, 하나의 국면을 언뜻 본 것만으로도 가지고 있는 수의 전체적인 흐름을 직관적으로 파악할 수 있다는 것을 이 연구는 보여주고 있다.

‘살아 있는 지식’의 뇌 안에서의 모습

숙달에 수반되는 인지적 변화와 그에 수반되는 뇌 기능과 구조 변화는 여러 가지 분야의 학습이 다양한 형태로 뇌 안에서 진행된다는 것을 나타내고 있다. 숙달 과정의 영향은 뇌의 특정 부분의 국소적인 변화가 아니라 네트워크의 변화로 간주해야 한다. “살아 있는 지식이란 무엇인가”라는 물음에 대해, 학습·숙달에 동반되는 뇌의 변화가 의미하는 바는 무엇일까. 그것은 사용할 수 있는 지식이란, 사실의 단편적인 기억의 축적이 아니라, 지식을 어떻게 사용해야 하는지, 그 절차 자체에 대한 기억과 분리할 수 없는 상태로 뇌 안에 존재한다는 것이다.

숙달되지 않았을 때는 물리 공식을 입으로 말할 수 있다 해도 문제를 풀기 위해 곧바로 사용할 수 있는 것은 아니다. 영어의 ‘a’와 ‘the’의 사용 방법에 대해 교과서에 적혀 있는 그대로 말할 수는 있어도 실제로 영어로 말하거나 쓸 때 정확하게 ‘a’와 ‘the’를 구분해서 쓸 수 있는 것은 아니다. 우리들이 실제로 사용할 수 있는 ‘살아 있는 지식’은 단순히 사실을 알고 있다는 지식이 아니라, 그것을 어떻게 사용해야 할지, 그 절차까지 하나가 된 지식인 것이다. 그리고 그 지식은 뇌가 학습하고 지식을 포착하기 위한 신경 네트워크를 구축함으로써 만들어지는 것이다.

숙달자는 순간적으로 상황을 판단하고 사물의 본질을 꿰뚫어볼 수 있다. 퍼포먼스는 정확하고 재빠르다. 무슨 일이 일어날지를 적확하게 예측할 수 있고 임기응변에 강하며 창조적으로 행동할 수 있다. 그리고 무엇보다 훌륭한 퍼포먼스란 무엇인가에 대해 명확한 이미지를 가지고, 바람직한 퍼포먼스와 그렇지 않은 것을 정확히 구별할 수 있다. 그것이 가능하다는 것은 숙달자가 제4장의 마지막에서 언급했던 '바람직한 심적 표상'을 가지고 있기 때문이다. 그 가장 좋은 퍼포먼스를 판별하는 심적 표상이 그것을 실행하는 절차와 함께 뇌 안의 네트워크에 있기 때문에 '그저 알고 있는' 것이 아니라 '실행할 수 있는 살아 있는 지식'이 되고 있는 것이다.

다음 제6장에서는 '살아 있는 지식'은 어떻게 획득할 수 있는지에 대해 더욱 깊이 들어가 '살아 있는 지식'을 낳을 수 있는 지식관에 대해 고찰해보고자 한다.

제6장
'살아 있는
지식'을
낳는 지식관

제6장 '살아 있는 지식'을 낳는 지식관

이제부터는 배움과 숙달의 인지 구조를 바탕으로 보다 잘 배우기 위해 어떻게 해야 좋을지 본격적으로 생각해보자. 하지만 아직 그 전에 또 한 가지, 다시금 생각해야만 할 중요한 것이 있다. "지식이란 무엇인가"라는 문제다.

모든 사람들이 많은 지식을 얻고 싶어 한다. 쓸모 있는 지식을 얻고 싶어 한다. 그 순간 이미지로 떠올리는 '지식'은 놀랄 정도로 사람에 따라 각양각색이다. 하지만 어떻게 배워야 할지를 고민하기 위해서는 "지식이란 무엇인가"라는 문제를 간과해서는 안 될 것이다. 지식에 대한 사고방식이나 이미지가 서로 다르면 어떤 것을 이상적인 배움이라 할 수 있을지, 그 파악 방법이 다를 수 있기 때문이다. 그뿐만 아니라 배우는 방식도 달라질 것이다.

앞으로의 세상에서 살아남기 위해 논리적인 사고 능력(비판적 사고력이라고 부르는 사람도 있다)이라는 것이 매우 중요하다는 이야기

를 최근 여기저기에서 많이 접한다. 그런 능력을 판단할 수 있
도록 대학 입시제도도 바뀐다고 한다. 하지만 논리적 사고 능
력, 비판적 사고력 등의 단어는 지극히 추상적이다. 정확하게
정의되지 않은 채 애매모호하게 파악되고 있는 것 같다. 교육
행정가나 평론가, 혹은 교육 실천 담당자들 사이에서도 이런
말들이 애매모호하게, 여러 해석을 허락하는 형태로 사용되고
있는 감이 없지 않다. 이런 현상의 근간에는 사고력이나 판단
력을 관장하고 있는 '지식'의 의미에 대해 애당초 사람들이 제
각각 다르게 파악하고 있다는 사실이 존재한다.

지식관, 요컨대 지식에 대한 인식(지식에 대한 스키마)을 '인식론
Epistemology'이라고 부른다. 본 장에서는 여태까지 언급해왔던
것을 바탕으로 "살아 있는 지식이란 무엇인가"라는 문제를 재
검토하고, 그것을 통해 '살아 있는 지식'을 어떻게 익히고, 보
다 잘 배울 수 있을지에 대해 생각해보고자 한다.

지식관이 배움을 결정한다

‘지식=사실’이라는 지레짐작

지식은 객관적인 것으로 ‘사실’과 동일하다고 생각하는 사람이 많을 것이다. 예를 들어 ‘걷다’는 영어로는 ‘walk’라는 동사로 번역할 수 있다는 사실. 천동설은 잘못된 것이며 지동설이 올바르다는 사실. 뉴턴이 물체의 운동에 관한 세 가지 법칙(관성의 법칙, 운동 방정식, 작용·반작용의 법칙)을 발견했다는 사실. 프랑스 혁명은 18세기 후반, 유럽에 계몽주의 사상이 퍼져가는 와중에 절대군주 지배(앙시앙 레짐Ancien régime)에 대한 비판의 목소리가 높아가는 시대적 배경 아래 시민 폭동을 단초로 일어났다는 역사적 사실. 이런 ‘사실’이 지식이며, 그것을 많이 외우는 것이 중요하다는 인식이, 현재 많은 사람들에게 공유되고 있는 ‘지식에 대한 인식’(인식론)일 것이다.

배움은 수험공부를 위해서 하는 것이 아니며 중요한 것은 판단력이나 사고력이라고 주장하는 사람 중에도, 여전히 이런 인식론을 가지고 있는 사람들이 실로 많다. 제3장에서 사람들은 많은 것들에 대해 소박하게 자신 스스로 만들어낸 지레짐작을 가지고 있다고 언급했다. '지식=사실'이라는 인식론은 많은 사람들에게 무척이나 뿌리 깊은 지레짐작 중 하나다.

어째서 이런 지레짐작이 이토록 뿌리 깊은 것일까? 자세히는 알 수 없지만, 시험(테스트) 문화에서 온 영향을 부정할 수 없을 것이다. 테스트에서는 얼마만큼이나 많은 '사실'을 알고 있는지를 묻는 것이 가장 간편하다. '사실'을 기억하고 그것을 떠올려 테스트 과정에서 적어낸다는 것을 어린 시절부터 습관적으로 해왔던 것이다. 일본인들은 '외운 사실의 양'을 평가받는 테스트를 어린 시절부터 계속해서 받아오고 있다. 이런 문화를 가지지 않는 사람들의 인식론은 아마도 우리들과는 크게 다를 것이다.

지식의 도네르 케밥 모델

여러 사람들과 지식에 관한 이야기를 나누며 '지식=사실'이라는 인식론에 대해 듣게 될 때, 언제나 내 머릿속에 떠오르는 것은 도네르 케밥이다. 도네르 케밥은 고기조각들을 꼬챙이에 수직으로 여러 개 끼워 기둥처럼 세워진 자그만 숯불 화덕에

회전시키면서 겉에서부터 익혀 먹는 터키 전통 육류 요리다.

지식은 예쁘게 잘라낼 수 있는 단편인 '객관적 사실'로 존재하고, 그 단편들을 다른 사람한테 배운다. '지식=사실'이라는 인식론을 바탕으로 한 지식 모델은 '객관적 사실'인 지식 단편들을 표면에 잔뜩 끼워 넣으며 커다랗게 부풀려가기만 하는 이미지를 환기시킨다. 그래서 나는 이것을 '지식 도네르 케밥 모델'이라고 부르고 있다. '지식=사실'이라는 인식론, 그것을 뿌리로 하는 지식 습득에 대한 '도네르 케밥 모델'(덕지덕지 잔뜩 가져다 붙인 모델)이 어째서 '살아 있는 지식'과 이어지지 않는지 이야기를 시작해보겠다.

▬ '살아 있는 지식'은 변동하는 시스템

모국어는 여러 가지 지식 중에서도 '사용하기 위한 지식', 요컨대 '살아 있는 지식'의 대표적 존재다. 언어를 사용할 수 있게 되기 위해 아이들은 무엇을 어떻게 배우고 있는지, 여기서 새삼 돌이켜 생각해보고자 한다.

애당초 언어란 단편적인 지식들을 잔뜩 가져다 몸집만 계속 불려간다고 사용할 수 있게 되는 것은 아니다. 음운 규칙, 문법, 두터운 사전에 빼곡하게 나열된 단어들의 의미를 모조리 '암기'한다고 사용할 수 있게 되는 것도 아니다. 제2장에서도 언급했듯이, 아이들이 지식들을 잔뜩 쌓아놓았기 때문에 모국어를 사용할 수 있게 된 것은 아니기 때문이다.

언어는 수많은 요소들이 상호 의미를 가지며 관련성을 지닌 시스템이다. 어휘 학습을 예로 들자면 단어를 암기한다는 것은 도네르 케밥의 고기조각들을 잔뜩 끼우는 것처럼, 그 시점까지 만들어진 어휘에 더더욱 새로운 단어를 더해가는 것이 아니다. 새로운 단어를 어휘 속으로 집어넣기 위해 아이들은 해당 단어의 의미를 스스로 생각한다. 그때는 이미 알고 있는 단어와의 관계에 대해 고민하고, 어휘 시스템 안에서 새로운 단어가 과연 어디에 자리잡을 수 있을지 생각한다. 새로운 단어가 어휘 체계 속에 자리를 잡으면 해당 단어와 관계된 단어들의 의미도 바뀔 수 있고, 어휘의 시스템 자체도 바뀐다.

이것은 언어에 국한되지 않고 어떤 분야의 지식에도 해당되는 사실이다. 가장 유용한 '살아 있는 지식'이란, 지식의 단편적인 요소들이 덕지덕지 붙어 몸집만 잔뜩 키운 것이 아니다. 항상 역동적으로 변해가는 시스템인 것이다. 이런 시스템은 요소가 더해지는 것에 의해 끊임없이 재편되고 새롭게 태어나는 '살아 있는 생명체' 같은 존재다.

도네르 케밥 같은 지식의 예

그렇다면 반대로 단편들을 덕지덕지 붙여놓았을 뿐인 지식이란 어떤 것을 말하는 걸까? 이 모델에 가까운 것은 '사용할 수 없는 외국어 지식'일 것이다. 우리들은 중학교나 고등학교 시절, 시험을 보기 위해 영어 단어의 의미를 모국어로 바꾸어 열심히 외우곤 했다. 예를 들어, 'break=부수다', 'deep=깊다', 'hard=단단하다' 같은 식으로 말이다. 하지만 이렇게 외웠던 영어 단어들에 각각 대응한 번역어는 '의미'라고 말할 수 없는 것이었기 때문에 이 지식으로는 영어 문장을 만들 수 없었다. 'break'란 단어가 실제로 어떻게 사용되는 단어인지 모른다면 'break=부수다'만을 아무리 암기한다 해도 문장을 만들 수는 없다. 'break'와 '부수다'의 경우 동작의 대상이 되는 명사(사물)가 다르다. 즉 의미가 동일하지 않은 것이다.

사실 'break'의 의미를 이해하기 위해서는 'break'와 의미가 비슷한 별개의 동사들('rip', 'tear', 'smash', 'crash', 'bend' 등)과 'break'의 의미가 어떻게 다른지 알아야 한다. 그런데 '외국어 단어=모국어 단어'라는 도네르 케밥 모델을 가진 학습자들은 'break=부수다'라고 외우는 것에 안주해버린다. 'break'란 단어가 문맥에 따라 의미가 변해도 주의를 기울이지 않고,

관련어와의 관계를 생각하지도 않는다. 결국 'break'의 의미는 계속 '부수다' 그대로에 머물 뿐이다. 'rip', 'tear', 'smash', 'crash', 'bend' 등과 관련된 고찰 없이 단순히 '부수다'라는 번역어로써 라벨이 붙여진 영어 단어로 방치되어버린다. 그러면서 기실은 단어의 '의미'라고는 말할 수 없는, 모국어로 바뀌어졌을 뿐인 영어 단어들로 가득한 '영어 단어 도네르 케밥'에 새롭게 꽂혀 간다. 도네르 케밥의 부피는 하염없이 커지지만 결국 영어는 쓸 수 없는 상태 그대로인 것이다.

chapter 2.
'살아 있는 지식'을 획득하기 위해서는

▬ '살아 있는 지식'은 스스로 발견한다

아이들은 음운 규칙, 문법 규칙, 단어의 의미 등, 언어라는 커다란 시스템을 구성하는 요소를 거의 모두 스스로의 힘으로 발견해낸다. 바꿔 말하면 아이들은 도네르 케밥의 고기조각처럼 이미 잘려진 지식의 단편을 직접 제공받아 그것을 암기하는 게 아니다. 잘려지기 전의 지식의 덩어리를 어떻게 조금씩 잘라낼까 스스로 발견해야 한다. 언어를 사용하기 위해 아이들은 '외부에 있는 지식을 배우는' 것이 아니라 '스스로 탐색한다.' 요소를 발견하면서 요소들을 서로 관련시키고 시스템 자체도 발견해간다. 스스로 발견하기 때문에 바로 사용할 수 있는 것이다.

예를 들어 유아들은 자신의 모국어 단어에 나오는 음의 최소 단위인 음소를 발견한다. 하지만 일본어를 모국어로 하는 아이와 영어를 모국어로 하는 아이 사이에는 발견하는 음소에 차이점이 있다. 앞서 언급했던 것처럼 음소란 '객관적으로 존재하는 음'이 아니라, '발견되고 해석되는 음의 카테고리'인 것이다. 영어 네이티브 스피커가 발음한 'race'와 'lace'는 1세 이상의 영어 네이티브 스피커 아기에게는 '상이한 음 요소를 가진 별개의 음으로 이루어진 단어'로 들리고, 일본어 환경에서 자란 아기에게는 '동일한 음 요소를 가진 동일한 음으로 이루어진 단어'로 들리는 것이다. 이것이야말로 지식이란 '객관적 사실'이 아니라는 것을 의미한다.

(좌)Ronald C. James "a dalmatian dog"
(우)Sandro Del Prete "Message Of Love To Dolphins"

그림 6-1 ▶ 무엇으로 보이는가?

▬ '살아 있는 지식'은 주관적으로 해석된다

이것은 음소에 대한 이야기에 국한되지 않는다. 인생의 경험 그 자체가 지금 눈으로 보고 있는 것을 바꾸는 경우도 있다. 그림 6-1 왼쪽에 놓인 그림을 봐주길 바란다. 어떤 그림이 보일까? 뒤에 덤불숲이 있고 앞쪽으로 바위가 있는 그림으로 보일 거라고 생각된다. 하지만 여기에는 대형견 달마시안이 있다. 어디에 있는 걸까? 다시 한 번 그림을 보길 바란다. 달마시안이 튀어나온 것처럼 보이지 않는가?

그렇다면 이번엔 오른쪽 그림을 보길 바란다. 무슨 그림으로 보일까? '서로 부둥켜안은 남녀'의 그림이라고 생각할 것이다.

하지만 아이들이 이 그림을 보면 무슨 그림이라고 생각할까? 그렇게 생각하고 다시 한 번 그림을 보길 바란다. 무엇이 보이기 시작할까? 그렇다, 답은 '돌고래'다.

즉 무엇이 있는지, 무엇을 봐야 하는지, 미리 알고 있는 경우와 알지 못하는 경우, 똑같은 비주얼 이미지를 보더라도 보이는 것은 서로 다른 법이다. 제4장에서 언급했던 것처럼, 병아리 항문을 봐도 보통 사람들에게는 암수의 구별이 가지 않는다. 하지만 훈련을 쌓은 숙련자들은 한순간에 구별할 수 있다. 초심자가 전자현미경을 통해 슬라이스를 관찰해도 특정한 세포조직을 식별할 수 없다. 숙달됨에 따라 쉽게 식별이 가능해진다. 맨 처음엔 세포 분열을 알아차릴 수 없었던 현미경 사용자가 일단 무엇을 찾으면 될지 인식하게 되면 무난히 관찰할 수 있게 된다.

요컨대 세상은 객관적으로 존재하지만 그것을 보는 우리들은 지식이나 경험의 필터를 통해 세상을 보고 있는 것이다. 듣는 것, 보는 것은 우리들이 가장 많은 정보를 얻는 경로다. 귀로 들어 기억에 입력된 정보, 눈으로 보고 기억에 담겨진 정보가 '해석된 것'이라고 한다면 그것을 기반으로 습득된 지식 역시 '객관적 사실'일 수 없다.

＿ '살아 있는 지식'은 새로운 지식을 낳는다

'살아 있는 지식'은 눈앞에 있는 문제를 해결하기 위해 사용할 수 있는 것에 그치지 않는다. 새로운 지식을 창조하기 위해 사용할 수 있다. 새로운 지식은 제로에서는 생겨나지 않는다. 이미 알고 있는 지식을 여러 가지로 조합시킴으로써 태어난다. 창조력의 원천은 가지고 있는 지식을 이용해서 상상하는 것이다. 숙달자가 가진 향상의 원천도 상상력이다. 제4장에서 언급했던 것처럼 숙달자는 당장은 불가능하더라도 자신이 목표로 하고자 하는 퍼포먼스, 혹은 자신이 얻고 싶다고 생각하는 지식의 모습을 상상할 수 있다. 사람들은 상상력과 지금 가지고 있는 지식을 조합하여 무한히 새로운 지식을 만들어낼 수 있는 것이다. 그에 반해 도네르 케밥 고기조각을 잔뜩 갖다 붙여놓은 것처럼 외웠을 뿐인 지식은 사용할 수 없다. 사용할 수 없기 때문에 다른 지식과 조합되어 새로운 지식을 잉태시키는 일도 없는 것이다.

암기는 정말로 나쁜 걸까

의미가 명확해져간다

하지만 암기한 지식도 도움이 된다거나 통째로 달달 외워서 지식을 얻었다는 반론도 나올 것이다. 옛날 가문이 좋은 무가 집안의 자녀들은 뜻을 알지도 못한 채 소리 내어 읽는 형태로 사서오경을 통째로 달달 외웠다고 한다. 프로기사는 머릿속에 방대한 기보 데이터베이스를 가지고 있다. 그렇다면 기보를 암기할 때 어떻게 할까? 장기에 강해지기 위해서는 어쨌든 방대한 기보를 외워야만 한다. 그것은 테스트를 위해 단어나 공식을 암기하는 행위와 똑같은 것일까. 프로기사인 시마 아키라島朗 9단의 저서에 이런 대목이 있다.

엄선된 지정 도서 가운데 우선 1책, 1국씩 이긴 쪽부터 순서대로, 그 다음에 진 쪽부터 나열시킨다. 그리고 암기해서 기보에 쓰기 시작하며, 아무것도 안 보고 쭉 나열하여 1국이 종료된다. 도합 4회 정도 똑같은 장기를 말 그대로 정밀하게 조사하는 방법이다. ……

시마 아키라 『시마연구회 노트 —마음 단련법
島研ノート 心の鍛え方』

요컨대 기사가 기보를 외우는 것은 우리들이 통상적으로 이미지로 떠올리는 '통째로 달달 외우는 암기'와는 전혀 다르다. 암기하기 위해 암기하는 것이 아니라, 한 수 한 수에 대해 그 의미를 철저히 생각하고 정밀히 조사한다. 심혈을 기울이고 시간을 들여서 한 수 한 수의 의미와 그 흐름에 대해 스스로 납득이 갈 때까지 몇 번이나 거듭 반복해서 두는 과정을 거친다. 그 결과 기보가 자연스럽게 머릿속에 각인되는 것이다.

막부幕府(일본의 무사 정권. 1192~1868년) 말 나가오카 번長岡藩의 무사 가문에서 태어난 스기모토 에쓰코杉本鉞子란 여성이 당시의 무사 가문의 일상생활을 수필로 남겼다. 에쓰코는 훗날 미국으로 건너가 영어로 이 수필을 썼는데 그것은 여러 나라 말로 번역되어 세계적으로 널리 읽혔다. 일본어로는 『무사의 딸武士の娘』로 번역되어 텔레비전 드라마로도 만들어졌다.

여섯 살이었던 에쓰코는 절의 주지 스님을 스승으로 맞이하여 대학, 중용, 논어, 맹자를 배웠다. 여섯 살 아이에게 서적들의 의미가 이해될 리 만무했지만 에쓰코는 열심히 이해하고자

했다. 하지만 그녀의 스승은 "곰곰히 생각해보시면 점차 자연스럽게 말의 실타래가 풀리며 의미를 이해하실 수 있게 될 겁니다"라든가 "백번 읽으면 저절로 그 뜻을 알 수 있습니다"등의 답변을 한다. 에쓰코는 이해할 수 없는 것들을 수용하면서도 공부에 애정을 느끼며 계속 학업을 이어나갔다.

도무지 그 뜻을 알 수 없는 말들 안에 음악에서나 발견할 수 있을 것만 같은 음률이 있었기에 쉽사리 페이지를 넘겨가다 마침내 사서四書의 중요한 여러 구절들을 암송하게 되었습니다. ……(중략)…… 이 나이가 되니, 그 위대한 철학자들의 사상은 동틀 무렵 하늘이 희끄무레해지는 것과 비슷해서, 점차 그 의미를 이해할 수 있게 되었습니다. 잘 기억하고 있던 구절이 문득 마음속에 떠올라, 구름 사이로 새어나온 한 줄기 햇살처럼, 그 의미에 대해 절로 고개를 끄덕이는 일도 있었습니다.

스기모토 에쓰코 『무사의 딸』

에쓰코 역시 아이에 불과한 자기에게 이해될 리 없는 어려운 사상서를 이해하고 싶다고 진심으로 원했다. 때문에 당장 이해가 되지는 않아도 언젠가는 이해할 수 있는 날이 올 거라고 생각하며, 그 의미를 물어가며, 몇 번이고 계속 읽어 내려갔다. 그 결과 서적에 적혀 있던 것이 자신의 몸의 일부가 되었고, 스승의 말처럼 어느 순간 저절로 말의 실타래가 풀리며, 마침내 이해가 되었던 것이다.

___ 시스템을 가동한다

아이들은 모국어를 배우기 시작하자마자 모국어의 음, 어휘, 문법 등에 대해 개별적인 요소를 학습해갈 뿐만 아니라, 그런 것들을 학습하기 위한 스키마를 만들어간다. 생후 몇 개월밖에 되지 않은 유아임에도 불구하고, 자신을 둘러싼 세계에 있는 사물이나 사건에 대해, 어떤 일이 일어날 수 있고, 혹은 일어날 리 없다는 것에 대해 이미 스키마를 가지고 있으며, 이를 바탕으로 앞으로의 일을 예측하면서 세상을 관찰하고 있다.

여태까지 몇 번이나 언급해왔듯이 이런 '지레짐작'의 스키마가 항상 올바른 것만은 아니다. 틀릴 가능성도 있지만 바람직한 해결을 초래할 확률이 높을 뿐이다. 인간들은 유아 때부터 왕성하게 이런 '지레짐작'을 스스로 만들어간다. 그리고 이런 '지레짐작'을 이용해 그 다음 일어날 일을 예측하거나 새로운 요소들에 대해 학습한다.

　오류를 범할 위험이 있더라도 '지레짐작'을 이용해 사고해버리는 이유는, 설령 미완성이라 해도 어쨌든 지식 시스템의 틀을 만들어내기 위해서다. 제2장에서 언급했던 것처럼 어느 정도 요소들이 모이면 아이들은 요소 사이의 관계나 새로운 요소들을 학습하기 위한 패턴을 찾는다. 이는 지식이 애초부터 단편적인 요소들의 집합이 아니라 하나의 시스템이라는 것을 간파하고 있다는 사실을 여실히 드러낸다. 아이들은 시스템 구축을 향해 즉시 움직이기 시작했던 것이다.

　시스템을 만들어가기 위해서는 시스템의 틀을 확고하게 하는 것이 중요하다. 일단 시스템의 틀이 만들어지면 새로운 요소들은 애당초 시스템 안에 존재해왔던 요소들과 서로 관련성을 가지며 체계화되기에 이른다. 이런 과정을 통해 지식은 서로 이어질 수 없는 단편들이 도네르 케밥처럼 점점 들러붙는 형태가 아니라, 각각의 요소들이 서로 연관성을 가지는 형태로 구조화된 하나의 시스템으로 성장해가는 것이다.

　'지레짐작'에 이끌린 사고방식은 잘못된 지레짐작을 잉태시킬 위험성도 있다. 그래도 여전히 그런 사고방식으로 재빨리 지식 시스템을 가동시키려고 한다. 이는 오류의 경우 나중에 수정하면 된다는 것을 아이들은 이미 알고 있기 때문이다.

　효율적인 배움은 분명 중요하다. 하지만 그것은 시스템 구조를 재빨리 가동시키고 나중에 천천히 수정한다는 배움의 과정의 일부에 지나지 않는다. 효율적인 배움 자체가 숙달자의 탁월한 퍼포먼스를 가능하게 하는 것은 아닌 것이다.

___ 토대의 재구축

단 이런 방식이 잘 기능하지 않는 경우도 있다. 잘못된 스키마가 시스템의 토대가 되어버린 경우다. 지구의 운동 메커니즘이나 태양계의 구조, 우주에 대해 배우고자 해도 천동설 모델이 '지레짐작'으로 존재하면 그것을 대신하는 지동설을 이해하고 나아가 천체의 법칙, 우주의 구조나 성립에 대해 이해하는 것은 쉬운 일이 아니다. 마찬가지로 영어를 배울 때 영어의 어휘 구조가 일본어와 비슷해서 일본어 단어와 영어 단어가 1대 1 대응한다는 '지레짐작'이 있으면 영어를 배우는 것이 무척 어려워진다.

사람들은 가지고 있는 지식을 총동원해서 새로운 지식의 요소들을 획득한다. 스키마가 잘 기능해준다면 새로운 요소들을 학습할 때마다 새로운 요소들은 시스템과 연동되면서, 기존에 있던 요소들도 수정되고, 시스템 전체가 업데이트된다. 예를

들어 모국어 단어 학습의 경우, 어휘의 이런 국소적 업데이트
는 항상 일어나고 있다. 하지만 시스템의 토대가 되는 지식에
오류가 있으면 '코페르니쿠스적 전환'이 필요해진다. 토대부터
다시 쌓지 않는 한, 올바른 방향으로 지식의 시스템을 만드는
것은 불가능하다. 학습은 항상 역동적인 지식의 시스템 변화
를 동반한다. 개념에 대한 코페르니쿠스적 전환을 인지과학에
서는 '개념 변화'라고 부르고 있다.

chapter
4.

'살아 있는 지식' 과 인식론

인식론의 발달 단계

인식론Epistemology은 사고력이나 학습력과 밀접한 관련성이
있다. 도네르 케밥 모델의 지식관과, 항상 재편성을 반복하는
역동적인 시스템으로 파악하는 지식관 사이에는, 목표로 하는
사고의 모습도, 이상으로 삼는 배움의 모습도 완전히 다르다.
인식론에는 발달과 관련된 단계가 있다. 그리고 각각의 단계

에 있어서의 지식관은, 지식 획득, 요컨대 학습과 밀접한 연관이 있다. 컬럼비아대학 교수 다이아나 큔에 의하면 인식론은 '절대주의'→'상대주의'→'평가주의'라는 세 가지 발달 단계를 거친다고 한다.

대부분의 초등학생들은 지식이란 사람들에 의해 해석되고 구축된 것이라는 점을 이해하지 못한다. 초등학생들은 과학자들에 의해 발견된 지식이 절대적으로 올바른 사실이라고 생각하고 있으며 과학자들의 일은 "세계에 존재하는 객관적인 사실을 모아오는" 것이라고 생각하고 있다. 바꿔 말하자면 지식은 항상 절대적으로 '올바른·올바르지 않는', 두 가지로 정확히 구분할 수 있고 '올바른 지식'은 도네르 케밥의 고기조각처럼 잘려진 형태로 세계에 존재한다고 파악하는 것이다.

조금 더 발달이 진행되면 지식은 해석된 것이라는 사실을 이해할 수 있게 된다. 단 "나는 나, 다른 사람은 다른 사람"이란 입장을 취하며 데이터의 다양한 해석, 다양한 가설, 다양한 논리는 그것들이 서로 대립하는 것이지만 그 어느 것이든 OK라고 생각해버린다. 요컨대 가설이나 이론은 여러 가지 방면에서 검토·음미·평가된 후 가장 논리적으로 일관되고 견고한 것이 선택되어야 한다는 것을 이해하지 못한다. 이 단계의 인식론을 가진 사람은 지식이 구축된다는 것, 따라서 절대적이 아니라는 점까지는 알고 있다. 하지만 지식이 어떻게 구축되는지를 이해하지 못하고 있기 때문에 어느 쪽이든 올바르다는 상대주의에 빠져버리는 것이다.

그 다음의 가장 높은 수준의 발달 단계에 이르면 지식은 단순한 '사고'와는 다르다는 사실을 이해할 수 있게 된다. 특히 과학적 지식이란

- 증거에 의해 실증되어야만 한다.
- 그러기 위해서는 모델을 구축하고, 실험에 의해 구체적으로 음미할 수 있는 가설을 세우고, 실험을 통한 증거와 대조해서 평가되어야 한다.
- 가설은 대부분의 경우 복수로 존재하며 이런 가설 중 어느 것이 가장 훌륭한지를 증거와 대조해서 평가할 필요가 있다.

라는 것을 이해하게 된다.

과학적 사고를 몸에 익히기 위해서는

과학을 학습하는 목적은 과학자들에 의해 발견된 '사실'을

외우는 것이 아니다. 오늘 기억한(그때는 '진실'이라고 생각했던) 사실이나 이론이, 10년 후에는 폐기될지도 모른다.

과학은 데이터를 바탕으로 논리를 만들어내고 이론을 구축하는 프로세스다. 그렇다면 '과학을 실천하기 위해' 아이들은 무엇을 배워야만 할까? 학교에서는 이과 시간 등을 통해 실험을 하고 데이터를 만들고 분석한다는 학습을 하고 있을 것이다. 하지만 그런 것들은 '과학을 행하기 위한' 요소에 지나지 않는다. 과학적 사고가 가능해지기 위해 필요한 것은 오히려 이론을 검토하는 방식, 가설을 세우는 방식, 가설 검토를 위한 실험 디자인 방식, 데이터를 해석하는 방식, 결론을 이끌어내는 방식 등의 논리를 구축하는 스킬인 것이다.

▬ 비판적 사고란 무엇일까?

물론 여기서 말하는 '과학'은 비단 자연과학뿐만이 아니다. 심리학은 물론, 경제학, 법학, 사회학 같은 사회과학도 마찬가지다. 어떤 것이든 단순히 좋고 싫음을 떠나, 이치에 맞는 의사결정을 위해, (단순한 '논리 스킬'이 아니라) 조금 전 나온 논리 구축 스킬에 부합된 사고가 필요하다.

현재 여기저기서 '비판적 사고'라는 표현을 듣는다. 하지만 비판적 사고의 정의에 관해 대부분의 사람들은 애매모호한 생각밖에는 가지고 있지 않은 듯하다. 앞서 언급했던 인식론의 발달 단계를 제창했던 다이아나 큔은 '비판적 사고'란 'argue'하는 능력이라고 지적한다. '비판적 사고'는 원래 영어의 'critical thinking'의 번역어다. 그리고 이 표현과 반드시 한 쌍이 되어 사용되는 개념이 'argue'란 동사다.

이런 단어들은 양쪽 모두 번역이 매우 어려운 개념으로 실제로 많은 일본인들은 양쪽 모두에 대해 잘못 파악하고 있는 것 같다. 어떤 영일사전에서 'argue'는 '논하다, 논의하다, 논쟁하다'가 첫 번째의 뜻이라고 되어 있고, 두 번째의 뜻으로 '말싸움하다, 언쟁하다'가 있다. 이러한 뜻 때문에 'argue'란 단어에 긍정적인 이미지를 가진 일본인이 소수인 것이다. 하지만 이런 해석은 'argue'란 단어의 본질을 전혀 드러내고 있지 않다.

영영사전 쪽은 이런 단어들의 진정한 의미에 가깝게 해석해주고 있다. 예를 들어 옥스퍼드 학습자 영영사전에는 "Give reasons or cite evidence in support of an idea"라고 되어 있다. 여기에 나와 있는 'evidence'란 단어가 매우 중요한 키워드다. 'argue'란 어떤 생각이 있으면 그 정당성을 내세우기 위해 'evidence(증거)'를 쌓아가며 논리를 만들어간다는 의미인 것이다.

여담이지만, ‘evidence’ 역시 좀처럼 일본인들에게는 이해가 어려운 단어다. 일본어에서는 "증거가 세 가지 있다"고 말할 수 있기 때문에 일본인들은 무심코 ‘three evidence’, ‘many evidence’라고 말해버리는데, ‘evidence’는 불가산명사이기 때문에 이것은 잘못된 표현이다. ‘three pieces of evidence’, ‘ample evidence’라고 표현해야 한다. ‘evidence’가 불가산명사라는 것은 영어의 인식론을 반영하고 있을 것이다. ‘evidence’란 단어는 개별적인 ‘사실’이 아니라 ‘여러 가지 조각들을 논리적인 정합성이 확보될 수 있도록 구축한, 논리의 불가분한 전체’를 가리키는 것이다.

원래 이야기로 돌아오면 비판적 사고란 요컨대 앞서 언급했던 과학적 사고와 기본적으로 마찬가지다. 어떤 가설, 이론, 혹은 언설을 증거에 바탕을 두고 논리적으로 쌓아가며 구축해가는 사고방식을 말한다. 단순히 "감정에 휘둘리지 않고 객관적으로 사고한다"라든가 "다각적으로 검토한다" 등이 아닌 것이다.

물론 이런 과학적 사고나 비판적 사고의 골격이 되는 가설검증 프로세스와 이론구축 프로세스는, 이 책을 읽은 것만으로, 혹은 누군가의 설명을 들은 것만으로는 이해할 수 없다. 조리 있게 지식(이론)을 구축해가는 실제 과정을 알지 못하면, 여러 가지 가설을 적당히 세워놓는 것만으로 끝나 버린다. 스스로 가설을 고안하고 실험을 디자인하고 데이터를 가지고 분석하고, 음미하고, 논리를 구축하고 그것을 평가한다. '비판적 사고'란 이런 프로세스를 몇 번이고 반복해서 경험하는 것, 요컨대 '몸으로 기억'함으로써 비로소 체득될 수 있다.

비판적 사고(과학적 사고)와 인식론은 서로에 의해 뒷받침되고 서로를 이끌어주면서 함께 발달한다. 지식에 대한 도네르 케밥 모델의 인식론을 가지고 있다면, 결코 비판적 사고를 습득할 수 없다는 것은 새삼 말할 필요조차 없다. 때문에 사고력을 배양하기 위해서는 인식론을 한 단계 발달시켜 보다 성숙된 인식론, 요컨대 평가·구축주의의 인식론을 가져야만 한다.

비판적 사고와 직관적 사고

과학적 사고나 비판적 사고는 배움의 달인이 되기 위해 매우 중요해서, 최근에는 교육계의 키워드가 되고 있다. 한편 숙달자의 특징은 날카로운 직관력에 있다는 것에 대해서도 누구나 인정하는 바일 것이다. 비판적 사고를 중요시한다는 것은 직관적 사고를 얼마나 배제할 수 있을지에 좌우된다고 오해하는데, 이 '모순'은 어떻게 생각하면 좋을까.

실은 '직관'이란 단어는 몇 가지의 의미를 가진다. 세 가지 형태로 생각해보자.

> (1)어떤 상황에서 어떠어떠한 판단을 할 때 지식이 없을 때는 동전던지기처럼 적당히 할 수밖에 없다.
>
> (2)아이가 단어의 의미를 생각할 때 '형태 룰' 같은 스키마에 의거해서 그 자리에서 금방 처음으로 들었던 단어의 의미를 생각하고 그 단어를 사용할 수 있는 범위를 결정해버린다.
>
> (3)장기 달인은 다음에 놓을 한 수에 대해 이런저런 가능성을 생각하지 않아도 최선의 한 수가 머릿속에 떠오른다.

(1)에서 (3)은 모두 일반적으로 '직관적 사고'라고 간주된다. 하지만 그 판단의 정확도나 질은 제각각 다르다. (3)은 매우 정확도가 높은 판단이다. (2)는 이른바 '스키마'에 의거한 사고로 '맞지 않더라도 결코 거리가 멀지도 않은' 판단이 되는 경우가 자주 있다. (1)의 판단은 완전히 우연에 의거한 레벨이다. 이런 세 가지 형태의 '직관'은 완전히 다른 종류의 사고

라기보다는, 판단의 근거가 되는 배경 지식의 존재양식이 서로 다른 사고라고 생각하는 편이 나을 것이다. 풍부하고 치밀한 지식을 가지고 있으면 직관의 정확도는 올라가고 '영감'이 된다. 지식이 없는 가운데 직관에 의거하면 '어림짐작(역측)'이 되어버린다.

과학자에게도 직관은 중요하다. 애당초 이론을 구축하기 위해서는 가설이 있어야만 한다. 가설을 만들 때 직관은 절대적으로 필요하다. 뉴턴의 만유인력의 발견도, 케플러Kepler의 타원궤도의 발견도, 데이터를 축적해서 음미하는 비판적 사고만으로 태어난 것은 결코 아니었다. 비판적 사고에 의해 가설과 데이터가 정합적으로 일치하는지를 검토하는 것은 절대적으로 필요하다. 하지만 현상의 구조를 설명하기 위한 가설을 만들기 위해서는 '영감'이 필요하고 거기에는 숙달된 과학자의 직관이 결정적이다.

지식은 항상 계속 변화해가는 유동적인 것이며, 최종적인 모습은 그 누구도 알 수 없다. 최종적인 모습을 알 수 없지만 시스템을 구축하기 위해서는 요소들을 계속 늘리며 그와 동반해서 시스템도 변화시키고 성장시켜가는 수밖에 없다. '살아 있는 지식의 시스템'을 구축하고 나아가 새로운 지식을 창조해가기 위해, 직관과 비판적 사고에 의한 숙고라는 양쪽 모두를 두

축으로 움직여갈 필요가 있다.

아이들은 완벽하지 않더라도 어쨌든 커뮤니케이션을 위해 많은 단어들을 단기간에 학습하려고 한다. 어른들의 현실 사회에서도 대부분의 경우 매우 짧은 시간에 판단을 하도록 강요받는다. 그럴 때는 직관에 의존하지 않을 수 없다. 한편 자신의 사고나 행위를 스스로 모니터하고 오류를 발견하고자 의식적으로 노력하지 않으면 좀처럼 과오를 발견하기 어렵고 지식의 수정 또한 불가능하다. 어느 분야에서든 진정한 달인은 상식으로 자리잡은 '지레짐작'을 배제하여 현장을 관찰하고, 기억이나 판단이 스키마로 왜곡되지 않도록 의식적인 컨트롤을 하고 있다. 예를 들어 장기에서는 대국의 마지막 감상전에서 대국을 되돌아본다. 이것은 이른바 비판적 사고다. 한 수 한 수를 음미하고 그 외에 보다 좋은 수가 없었는지 되돌아본다.

정도의 차이는 있겠지만 어떤 분야에서든 달인들은 이런 '반추'를 하고 있을 것이다. 직관에 의거했던 순간적인 판단, 순간적인 학습은 깊은 숙고에 의한 수정을 동반하여 비로소 치밀한 지식의 시스템으로 성장해갈 수 있는 것이다. 또한 그것이 직관력을 더더욱 연마하기 위해서도 필요한 일이다.

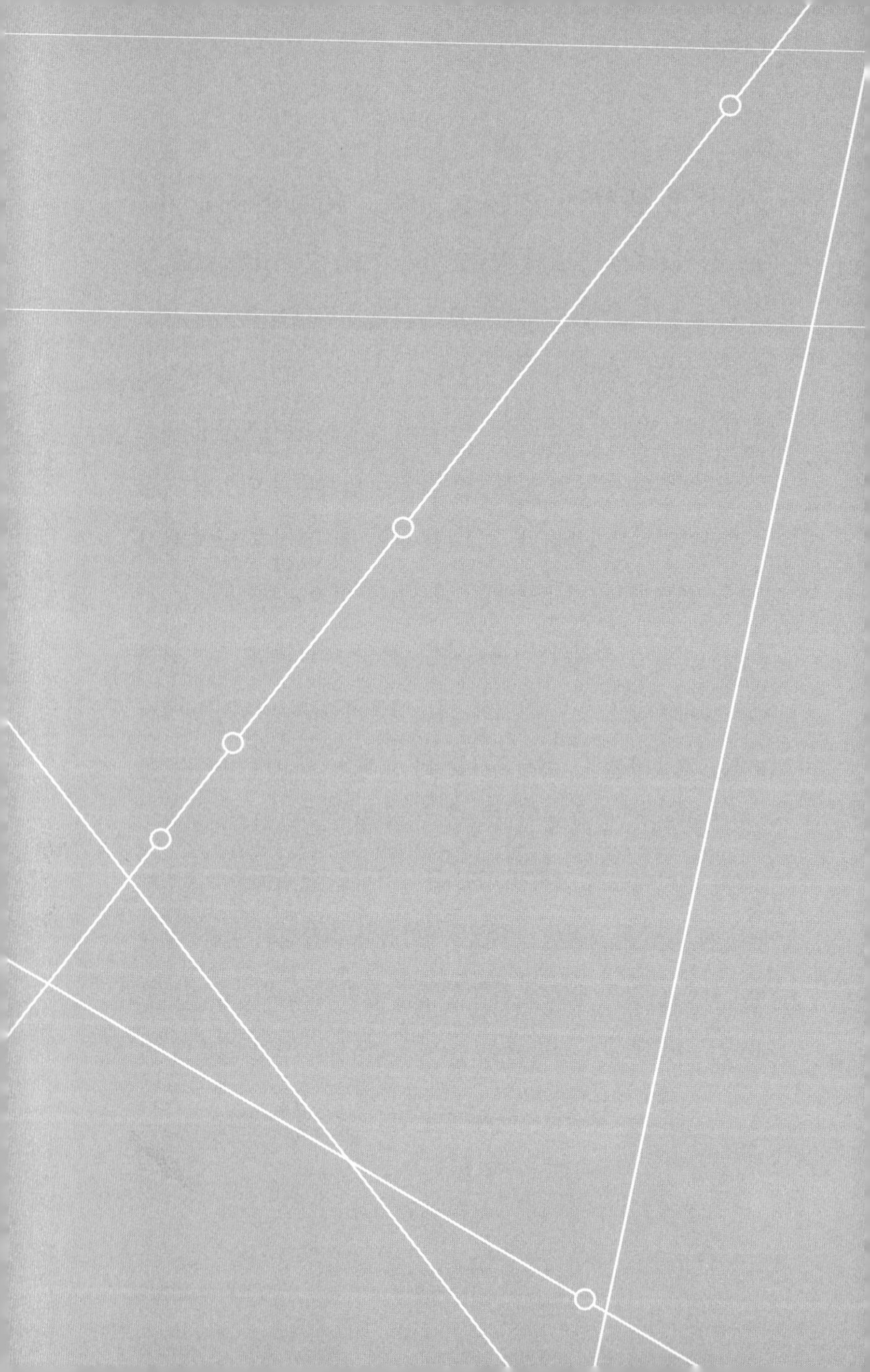

제7장
초일류 달인이
되다

제7장 초일류 달인이 되다

　초일류 달인이 되기 위해서는 어떻게 하면 좋을까. 만약 그렇게 될 수 있는 방법이 있다면 모든 사람들이 알고 싶어 하지 않을까? 교육자나 교육연구자, 각 영역에서의 제1인자나 그 사람을 길렀던 부모들이, 자신은 이렇게 해서 여기까지 왔다, 혹은 자신은 이렇게 해서 천재를 길러냈다, 라는 에피소드를 선보인다. 물론 모든 사람들이 똑같은 길을 걷지는 않을 것이다. 또한 초일류가 되기 위해 필요한 시간이나 조건도 분야에 따라 다를 수 있다. 하지만 분야는 달라도 숙달자들 사이에 공통된 특징이 있는 것처럼, 숙달자가 되는 과정에도 공통점이 있을 것 같다. 여러 분야에서 초일류 달인이라 인정받는 사람들의 실천에는 어떤 의미가 있을까. 이것에 대해 구체적으로 살펴보면서 초일류 달인이 되기 위해 필요한 조건과 그 과정에 대해 생각해보고자 한다.

chapter

1.

어떻게 연습할까?

▬ 10년 수행의 법칙

어떤 분야에서 숙달을 목표로 한 사람들이 가장 전성기를 맞이하는 연령은 그 사람이 목표로 한 분야의 성질에 따라 크게 달라진다. 하지만 제각각의 분야에서 국제적으로 일류라고 인정받기 위해서는 보통 몇 년 정도가 걸릴까? 플로리다주립대 교수로 숙달인지 연구에 관한 한 제1인자인 앤더스 에릭슨에 의하면, 국제적으로 활약할 수 있는 레벨이 되기 위해서는 어떤 분야에서든 1만 시간 정도의 훈련이 필요하다고 한다.

1일 2, 3시간, 매일 훈련을 계속하면 10년 정도가 된다. 이 것을 '10년 수행의 법칙'이라고 한다. 체스나 악기 연주, 어떤 종류의 스포츠(특히 신체적으로 완전한 성숙이 필수조건이 아닌 스포츠)처럼 10대 중반에 일류가 되는, 이른바 '천재'라 일컬어지는 개인이 출현하는 경우가 분명 있다. 하지만 대부분의 경우 그런 '천재'는 지극히 나이가 어린 시절부터 음악이나 스포츠의 길로 나아가기로 결정한 경우가 많다. 따라서 10대 중반에는 이미 10여년의 집중 트레이닝 기간을 거쳐 그 경지에 이르고 있다.

앤더스 에릭슨을 비롯한 연구자들은 프로 음악가들을 네 가지 레벨로 나누고 거기에 아마추어 레벨을 더해 총 다섯 가지 그룹으로 분류했다. 그리고 그들에게 일상적 활동을 기록한 상세한 일기를 제공하라고 해서 이 사람들이 4살부터 20살 때까지 어느 정도의 시간을 연습에 할당했는지 추정했다. 그 결과, 보다 달성도가 높은 숙달자들은 달성도가 낮은 숙달자들에 비해 20세까지 약 3배나 많은 연습시간을 가지고 있다는 점, 아마추어 레벨의 누적 연습 시간은 가장 달성도가 높은 숙달자 그룹의 10분의 1밖에 되지 않는다는 점 등을 알 수 있었다. 요컨대 연습 시간과 숙달 레벨 사이에는 너무나도 확연한 상관관계가 있다는 말이다.

연습의 질

하지만 그저 시간만 들이면 된다는 것은 아닐 것이다. 앤더스 에릭슨을 포함한 연구자들은 연습시간과 달성도의 관계를 조사했을 뿐만 아니라 연습의 질에 대해서도 조사했다. 아마추어 레벨의 사람들은 즐기기 위한 연습을 한다. 그에 반해 달성도가 높은 숙달자들은 즐기기 위해 연습하는 것이 아니라 향상을 위해 하고 있다.

모든 사람들은 실제 무대에서 집중적이고 필사적이 된다. 하지만 연습에서는 과연 얼마만큼이나 필사적이 될 수 있을까. 에릭슨의 연구 결과에 따르면 아마추어 레벨과 달성도가 높은 숙달자들의 사이에는 연습 중의 집중도에 관하여 현저한 차이가 보인다고 한다. 달성도 높은 숙달자들의 연습은 높은 집중도를 유지하기 때문에 긴장감이 감돈다. 집중도가 떨어지면 쉬기 시작한다. 집중력이 저하된 채로 무턱대고 연습을 계속하는 일은 없다. 최고의 숙달자들은 극도로 집중해서 최선의 연습을 하되, 나중에 지장이 없도록 지속 가능한 최대한의 시간 동안만 한다.

___ 진정으로 필요한 집중력이란

미국에는 'IT 부트 캠프'란 특훈 프로그램이 있다고 한다. 군대식으로 1일 11시간, 주 6일, 3개월의 집중코스로 IT에 관한 지식과 기술을 철저히 배운다. 3개월 수강료 200만 엔 이상이라는 고가의 수업료에도 불구하고 엄청난 인기를 끌고 있기 때문에, 입학이 인정되는 것은 응모자의 3% 정도라고 한다(아사히 朝日신문 2014년 12월 3일자 기사). 그 선발에 합격하기 위해서는 평균 40시간 걸린다는 과제를 우선 통과해야 한다. 제1차 선고를 통과하면 이번엔 150시간 걸리는 과제가 기다린다고 한다. 그 과제를 완성해서 제출할 수 있는 사람만이 마지막 면접시험을 볼 수 있는 것이다.

진정으로 필요한 집중력이란 내일까지 급박하게 뭔가를 완성해야 하는, 어떤 시간제한 속에서 집중할 수 있는 것만이 아니다. 집중력의 완급을 스스로 제어하고, 문제가 아무리 어려워도 중간에 내던져 버리지 않으며, 끝까지 해내기 위해 집중력을 컨트롤할 수 있어야 한다. 그런 힘을 기르기 위해서는 최소한의 노력을 통해 효율적으로 지식을 외우는 것, 요컨대 도네르 케밥처럼 몸집만 크게 불리는 인식론을 버리고, 자신이 가장 중요하다고 생각하는 것을 장기간에 걸쳐 끝까지 해내는 연습을, 어린 시절부터 습관처럼 철저히 익히고 지속해가는 것밖에 없지 않을까.

실제로 프로기사인 하부 요시하루 씨는 고도의 집중력을 발휘하기 위해 '멍 때리는 시간'을 최대한 만들려고 한다고 저서에 쓰고 있다. 당사자에게 직접 들은 이야기다. 운동선수들이 워밍업하듯, 프로기사들은 간단히 풀 수 있는 외통 장기나 어려운 문제들을 섞어가며 차츰 집중력을 높여간다고 한다.

하부 요시하루 씨는 10대 무렵, 에도 시대에 만들어진 매우 난해한 외통 장기 문제에 도전한 적이 있다고 한다. 한 문제 푸는 데 몇 개월이 걸린다. 아무리 생각해봐도 도무지 답이 떠오르지 않아 포기한다. 다른 날 다시 시작했다가 또다시 포기한다. 그런 과정을 반복하는 동안 어느 날 문득 빛이 보이고 단숨에 답에 이른다. 이런 훈련이 집중력 컨트롤에 매우 도움이 되었다고 한다.

일시적인 몇 시간의 집중력만이 중요한 것이 아니다. 프로기사인 시마 아키라씨도 저서 안에 다음과 같이 적고 있다. '자신이 현재 가장 고민하고 있는 국면에서 가장 최선의 방침을 발견하고 싶다거나, 다른 기사가 두었던 한 수의 진정한 뜻을 간파하고 싶다는 등, 커다란 테마에 착수할 때는, 몇 주일이고 몇 달 동안이고 '이해할 수 없는 상태'를 끌어안고, 성숙시켜가

지 않으면 안 된다.'

초일류 달인이 되기 위해 요구되는 자질이란 진정으로 생각할 만한 가치를 가진 어려운 문제를 몇 개월, 경우에 따라서는 몇 년이라도, 포기하지 않고 계속 고민해가는 인내력이다. 진정한 달인은 숙달을 위한 최적의 연습을 매일 장시간 행하고 있다. 그때 장기간에 걸친—경우에 따라서는 평생에 걸친—집중력을 유지하기 위한 방안도 여러 가지로 궁리한다.

chapter 2.
노력일까, 재능일까?

▄▄ 재능이란 무엇일까

초일류 달인은 질적으로 높은 연습을 장기간에 걸쳐 하루라도 거르지 않는다. 그런 모습을 보고 달인이 되기 위해서는 끊임없이 노력해야 한다는 것을 알게 된다. 하지만 그런 생각을 하면서도 "그래도 결국 마지막에는 타고난 재능일 거야"라고 믿고 있는 사람이 많지 않을까? 노력일까, 재능일까. 이 문제를 과학적으로 검증하는 것은 매우 어렵다. 우선 "재능이란 무엇일까"를 제대로 정의해야만 한다.

'재능'이란 단어는 여러 의미로 사용되고 있기 때문에 요주의 단어다. 재능은 '탁월한 능력'이란 의미로 자주 사용된다. 그때는 '가지고 태어났다'라든가 '타고난'이란 의미는 딱히 필요치 않다. 그런 의미로 '재능'이란 단어가 사용되는 것에는 문제가 없다고 생각된다.

하지만 "노력일까, 재능일까?"라는 식으로 물어보면, 재능이란 단어는 '타고난 능력'이란 의미가 되어 '노력으로는 도달할 수 없는 능력'이란 의미가 강해진다. 이 두 번째 사용 방식은 실체를 잘 알 수 없는 막연한 의미로 사용되고 있기 때문에 나로서는 마음에 들지 않는다.

매우 탁월한 수학자나 과학자가 되기 위한 재능, 훌륭한 스포츠 선수나 음악가가 되기 위해 필요한 천성적인 재능, 체스나 장기나 바둑 명인이 되기 위한 재능, 대기업 경영자로서 성공하기 위한 재능……, 이런 것들은 과연 무엇일까. 스포츠 선수의 훌륭한 운동 능력은 천성적으로 가지고 태어난 빠른 반응이나 동체 시력 등의 탁월한 시각 능력이 중요한 작용을 하고 있다고, 많은 사람들이 생각할 것이다. 이것이 일류 스포츠 선수가 되기 위한 재능인 것일까? 혹은 (그것이 무엇이든) 고성능 근육, 폐, 심장 등을 만들어내기 위한 '유전자' 같은 게 있는 걸까?

달인들은 자신들의 분야에서 필요한 것에 관해서는 놀랄 만한 기억력을 가진다. 그렇다면 좋은 기억력을 가지는 것이 재능인 걸까? 장기나 바둑 달인이 되기 위해서는 '사고력'이 가장 중요하다. 탁월한 기억력이나 사고력을 발휘하기 위한 유전자가 따로 존재하는 걸까? 일류 음악가들의 대부분은 절대음감이 있다. 태어날 때부터 가지고 태어난 절대음감이 일류 음악가가 되기 위한 조건이라고 믿고 있는 사람들은 적지 않다. 과연 정말로 그럴까?

▃▃ 원인일까, 결과일까?

재능이 중요하다면, 재능은 극소수 달인('천재'라 일컬어지는 사람)들을 탄생시키는 원인이 되어야만 한다. 결과는 아니다. 하지만 '재능'에 대한 이야기는 어쨌든 해당 달인이 어떤 유전적 인자를 가지고 있었는지에 대한 관점에서 말해진다. 한편 '천재'나 '탁월한 달인들'이 끊임없는 노력을 하고 있는 것도 분명한 사실이다.

장기 기사인 하부 요시하루 씨가 어린 시절부터 항상 자기 자신을 다스리며 금욕적으로 노력을 거듭해왔다는 것, 독자적인 공부법을 계속 모색해왔다는 것은 하부 요시하루 씨 본인이나 오랜 세월 교류가 있는 분들의 회상 등을 통해 분명해지고 있다.

야구의 이치로 선수는 어떨까. 그는 인터뷰에서 초등학교 시절 어떻게 연습했는지에 대해 말하고 있다. 이치로 선수는 초등학교 시절부터 매일같이 타격 센터에 다니고 있었다. 하지만 그저 다른 사람들과 똑같은 배팅 연습을 하고 있었던 것은 아니다. 이치로 선수는 기계 스프링을 최대한 딱딱하게 해서 최대한 볼이 빨리 오도록 조정해달라고 했다. 그럼에도 여전히 프로가 던지는 공의 속도에는 미치지 못했기 때문에, 자기가 직접 타자 박스 바깥으로 나가, 보다 가까운 거리에서 볼을 때리며 "프로들은 이 정도 빠른 볼을 때릴 거야"라고 계산하면서 연습했다고 한다.

이처럼 초일류 달인들은 초일류 퍼포먼스를 하기 위해 어린 시절부터 질적으로 높은 수준의 트레이닝 방법을 계속 모색해가며 실천하고 있다. 또한 실천하면서 집중력의 완급 조절법, 시간 분배 방식도 동시에 배우고 있다.

하지만 그들처럼 어린 시절부터 매일같이 연습을 했다고 모든 사람들이 초일류 레벨에 도달하는 것은 아니다. 그렇다면 초일류 레벨까지 도달한, '천재'라 불리는 사람들에게는 도대체 어떤 특징이 있는 걸까?

성격이 재능인 걸까?

어린 시절부터 능력을 발휘하여 '천재'라 불렸던 사람들의 자서전이나 여러 자료들을 바탕으로 한 연구를 살펴보면 천재들의 특징은 능력이라기보다는 오히려 성격적인 것에 가깝다는 사실을 보여주는 것들이 있다. 훗날 천재라 불렸던 사람들은 음악이든 그림이든, 해당 분야에서 어린 시절부터 극도의 자발성motivation을 보였던 것이 일반적이다. 그런 '강한 의지'를 재능이라 부르는 경우도 있다. 하부 요시하루 씨는 재능에 대한 질문을 받으면 "영감이나 센스도 중요하지만, 힘들어하지 않고 계속 노력해갈 수 있다는 것이 가장 중요한 재능이라고 생각합니다"라고 답하고 있다.

분명 맞는 말이다. 어린 시절부터 뭔가에 푹 빠져 학교나 근처 또래 아이들이 놀기만 하고 있을 때도 연습에 매진한다는 것은 보통 감각으로는 쉽지 않은 일일지도 모른다. 하지만 문제는 그런 강한 의지, 끈기 있는 성격이 타고난 유전적인 요인들로 결정되느냐의 여부라고 할 수 있다.

뭔가를 좋아해서 시작했는데 하다 보니 정신없이 빠져버린다. 연습을 하면 할수록 향상된다는 사실을 알고 더더욱 연습하게 된다. 아까 언급했던 것처럼 연습에 자신의 아이디어를 더하는 것 자체가 기쁨이 되고 생활의 일부가 된다. 이런 사이클이 존재한다면 그런 성격을 '특별히 탁월한 능력'이란 의미에서 '재능'이라 부르는 것은 무방하다. 하지만 '재능'을 환경이나 노력과 분리된 '타고난 소질'이란 의미로 부르는 것에 명확한 과학적 근거는 없다.

지능지수와 천재

'머리가 좋다'의 지표가 되는 경우가 많은 '지능지수(이른바 IQ)'는 어떨까. 국제적으로 활약하는 수학자나 과학자들은 IQ가 높을까? 많은 연구가 진행지고 있는데 확실한 결론은 얻지 못한 상태다. 그 원인은 어떤 사람을 '천재'로 파악해야 하는지에 대한 문제가 크다. 유소년기부터 수학을 무척 잘 해서 수학 올림피아드 참가 자격을 얻을 수 있는 중학생, 고등학생들이 있다. 그들을 '천재'라고 부르는 사람들도 있다.

동년배 아이들에 비해 그런 아이들은 분명 IQ스코어가 높은 경향을 보인다. 또한 IQ스코어가 높은 아이는 어떤 것을 학습하기 시작할 때 학습 스피드가 빠른 것으로 알려져 있다. 하지만 더욱 중요한 점은 성인들 중 일정 수준 이상의 레벨에 오른 집단의 랭킹과 IQ의 상관관계를 살펴보았더니, 의미 있는 관계가 거의 없다는 결과가 보고되고 있다는 사실이다. 예를 들어 자연과학 분야 연구자 업적 레벨과 고등학교 시점에서의 IQ와의 상관관계를 조사해보았더니, 통계적으로 봐서 의미 있는 상관관계가 인정되지 않았다. 요컨대 연구의 질이나 생산성과 IQ 사이에 특별한 상관관계는 발견되지 않았던 것이다.

여담이지만 IQ와 그 연구자가 소속한 대학이나 연구기구의 랭크 사이에는 상관관계가 보였다고 한다. 이 연구를 발표한 마이클 콜이란 문화인류학자는 비꼬는 표현으로 "언어성 IQ가 높은 연구자들은 연구의 질 그 자체와는 별개로 자신의 연구를 훌륭하게 말로 포장하는 능력이 탁월한 사람들이다"라고 언급하고 있다. 객관적인 수치로 제시된 연구의 질보다는 연구 성과를 말로 어필하는 것이 능숙하기 때문에, 그 결과 랭크가 높은 대학이나 연구소에 채용되기 쉽다고 한다.

많은 사람들이 체스를 잘하는 사람들은 IQ가 높을 거라는 인상을 가지고 있다. 그런데 연구자들이 철저히 조사해본 결과, 세계 랭킹 상위권의 체스 선수 IQ 평균은 체스 선수 전체의 IQ 평균과 차이가 없었다. IQ는 얼마만큼이나 빨리 일정 수준에 도달하는지—요컨대 학습 스타트 속도—를 어느 정도 예측한다. 하지만 제각각의 분야에서 얼마만큼이나 탁월한 존재가 될 수 있는지에 대한 예측에는 거의 쓸모가 없다고 한다.

▬ 신체 능력과 발달

신체의 특징이나 능력은 타고난 유전적 요인의 영향이 크다고 생각하는 사람이 많을 것이다. 예를 들어 스포츠 선수들의 탁월한 운동 능력은 타고난 반응 속도나 동체 시력 등을 포함한 시각 능력의 탁월함과 밀접한 관련이 있다고 생각하는 사람들이 많을 것이다. 하지만 실은 스포츠 선수들의 운동 레벨과 이런 기초 능력 사이에 일관된 상관관계는 발견되지 않았다.

한편 스포츠나 악기 연주, 댄스나 발레 등, 숙달자에게 보이는 현저한 신체적 특징도 타고난 것이라기보다는 어린 시절부터 해왔던 훈련에 의해 뼈나 관절 등의 구조가 변했다는 사실에 기인한 바가 크다는 것을 알 수 있다. 예를 들어 발레리나가 그토록 발을 높이 치켜들고 회전할 수 있는 것은 관절이 원래 유연해서 움직일 수 있는 범위가 보통 사람들보다 넓기 때문이 아니다. 클래식 발레에서 요구되는 관절의 움직임과 반대 방향으로 다리가 움직이는 범위는 발레리나 쪽이 일반 사람들보다 오히려 좁아져 있다고 한다.

요컨대 숙달자가 가진 신체 능력과 신체적 특징은 어린 시절부터 해왔던 집중적인 훈련의 결과라고 생각된다. 신체가 통상적인 생활에서 받는 것과는 이질적인 자극을 장기간에 걸쳐 받았기 때문에, 그 결과 해당 자극을 향해 몸이 적응해간 것이다. 그 좋은 예가 양궁 선수나 팔씨름 프로 선수다. 그들은 주로 쓰는 팔 쪽 근육이 극단적으로 발달하기 때문에 주로 쓰는 팔과 나머지 한쪽 팔의 두께가 전혀 다르다. 즉 트레이닝 결과에 따라 신체의 특징에 엄청난 차이가 발생하는 것이다.

절대음감에 대해서도 마찬가지 이야기를 할 수 있다. 일류 음악가들 대부분은 절대음감이 있기 때문에 타고난 절대음감이 일류 음악가가 되기 위한 조건이라고 믿고 있는 사람이 많다. 하지만 절대음감 자체가 정말로 타고난 능력인지의 여부는 최근 많은 연구를 통해 의문시되고 있다.

멜로디 파악 방법은 발달 시기에 따라 변화한다. 많은 사람들은 성장하면서, 음 하나하나에 세심한 주의를 기울인다기보다는, 즉 음 하나하나를 제각각 듣는 것이 아니라, 멜로디라는 커다란 단위로 통합해서 파악하고자 하는 경향이 강해진다. 하지만 유소년기부터 집중적으로 음악에 노출되면 음을 크게 멜로디로 파악하면서도, 개개의 음들에 대한 주의력을 유지할 수 있다. 그 때문에 유소년기부터 음악 공부를 했던 아이들은 절대음감을 가지기 쉽다고 생각할 수도 있는 것이다.

이런 사고에 따르면 절대음감을 가지기 위해서는 유소년기의 음악 훈련이 중요하겠지만, 절대음감을 실현하기 위한 유전적 소질은 존재하지 않는다는 게 된다. 일본의 아기들도 맨 처음엔 'r'과 'l'을 귀로 듣고 구별할 수 있었지만, 발달 단계를 거쳐 일본어를 학습하는 데 적합해진 결과, 귀로 그 차이를 구분할 수 없게 된다고 앞서 언급했다. 절대음감도 그와 마찬가지로 생각할 수 있다. 원래 누구든 아기 시절에는 가지고 있었지만, 음악을 크게 멜로디로 파악하기 위한 인지능력이 발달하게 되면서, 음들의 절대적인 음률에 대한 주의력을 잃어버리게 되는 것이다.

　문자를 음으로 바로바로 변환하는 것이 불가능하여, 자동적이며 신속하게 글을 읽을 수 없는 사람들을 '난독증 환자dyslexia'라고 한다. 대대로 난독증 환자를 배출하고 있는 핀란드의 한 집안 사람들에게 ROBO1이라는 유전적 변이가 보인다는 연구보고가 있다. 이 유전자는 발달 과정에서 좌뇌와 우뇌 사이에 신경 접속을 형성하는 데 중요한 역할을 해왔다고 간주되고 있다. 통상적으로 문자를 막힘없이 술술 읽기 위해 효율이 좋은 좌반구에 신경회로가 발달한다. 그런데 난독증 환자는 유전적 변이에 의해 효율이 좋지 않은 우반구에 그 회로를 만들어야만 했고, 그 때문에 자연스럽게 문자를 읽을 수 없다고 생각하는 연구자도 있다. 난독증을 가진 사람들은 문자를 쓸 때도 거울문자(좌우를 거꾸로 쓴 문자로 거울에 비추면 보통문자가 된다. 예를 들어 b를 d라고 쓴다)를 자주 쓴다고 알려져 있다.

　흥미롭게도 난독증으로 고통받는 사람들 중에는 '읽기' 이외의 분야에서 보통 사람들에게는 없는 특이한 능력을 가진 경우가 많다. 특히 보통 사람들에게는 불가능한 공간파악능력이나 복잡한 패턴을 바로바로 구분하는 능력이 탁월하다고 지적되고 있다. 역사상 '천재'라 일컬어졌던 토머스 에디슨, 레오나르도 다 빈치, 알베르트 아인슈타인, 사그라다 파밀리아를 설계한 스페인의 귀재 안토니오 가우디도 난독증 환자였다고 추측되고 있다.

자폐증이나 난독증을 앓고 있는 사람들의 예를 통해 연상되는 '천재'들은 분명 태어날 때부터 가지고 있던 요인들이 깊이 관여하고 있다고 할 수 있다. 물론 난독증 환자의 원인이 되는 유전자가 천재의 조건이라는 말은 결코 아니다. 난독증 환자 모두가 다 빈치나 에디슨, 아인슈타인처럼 '천재'라고 불리게 된 것은 아니기 때문이다. 역사상 그 이름을 남긴 이런 위인들의 걸출한 능력은 '애초부터 천재의 유전자'를 가지고 태어났다기보다는 유전자 변이 등에 의해 뇌가 보통의 정형화된 학습 회로를 발달시킬 수가 없어서 보통 사람들과는 다른 뇌의 부위로 해당 기능을 대체시켰기 때문에 우발적으로 발생되었다고 생각해야 마땅하다.

어느 쪽이든 보통 사람들과는 다른 유전적 형질을 가진 극소수의 사람들이 성장해서 '천재'라 불리게 되었다는 점 때문에, 그들의 유전적 형질을 천재의 요인이라고 곧바로 연결시키는 것에는 주의가 필요하다. 물론 결론을 내기 위해서는 해당 형질을 가진 사람 중 '천재'라 불리게 된 사람이 해당 형질을 가진 사람들 전체(즉 형질을 가졌기 때문에 천재가 된 사람과 형질을 가지면서

 중에서 어느 정도의 비율로 존재하는지, 그리고 그 비율이 해당 형질을 가지지 않은 사람과 비교해서 통계적으로 높은지 낮은지 등의 사항까지 고려해서 판단해야 하는 것이다.

우리들은 제각각 상이한 유전적 형질을 가지고 있다. 난독증의 원인이 된 특별한 유전자가 아닐지라도 유전 정보에 따라 시각 정보나 청각 정보의 처리 방식에는 개인차가 발생하고 그것이 특정 분야에 대한 적응도와 연결되는 경우도 있다. 세세한 수작업에 능한 사람이 있는가 하면 서툰 사람도 있다. 무척 세세한 부분에 주의를 쉽게 기울이는 사람이 있는가 하면, 자잘한 부분은 자칫 지나치는 경향이 있지만 전체적인 구조 파악에는 능한 사람도 있다. 그런 적성을 무시하고 노력만 하면 반드시 일류가 될 수 있다고 생각하는 것은 성급한 판단이다.

한 가지 분명히 말할 수 있는 것은 재능의 유무를 결정하는 '장기將棋 유전자', '예술 유전자' 같은 단일 유전자가 존재할 가능성은 없다는 사실이다. 모든 능력은 수많은 유전자와 환경요인, 성숙요인이 복잡하게 뒤엉켜 있는 가운데 출현하는 것이다. 자잘한 부분에 눈이 간다든가, 대략적인 구조를 포착하는 것에 능하다든가 등 자칫 선천적인 특징이라 간주될 수 있는 인지적 특성마저도, 정보처리 과정의 아주 사소한 특징이 환경에 작용함으로써 생겨난다. 그렇게 해서 약간 눈에 띄게 된 해당 특징에 대해 주변 어른들이 민감한 반응을 보이게 되어 더더욱 그것을 조장한다는, 이런 상황의 반복에 의해 어떤 사소한 특징은 눈덩이처럼 커지며 오랜 기간을 거쳐 형성되는 것이다.

난독증뿐만 아니라 특정 인지기능장해를 가지면서도 천재라고 불린 사람들이 우리들에게 시사하는 바는 무엇일까. 그것은 '천재'가 되기 위한 특정한 유전자는 없다는 것, 좋은 환경이 허락된다면, 보통 때는 '결함'이라 간주될 뿐인 인지적 특징을 살려 타인에게는 불가능한 능력을 발휘할 수 있는 가능성이 누구에게라도 있다는 점일 것이다.

chapter 3. 숙달과 창조성

___ 창조성이란 무엇일까

다른 사람에게는 불가능한 일을 할 수 있는 사람들을 우리들은 '독창적', '창조적'이라고 칭찬하며 '천재'는 그런 것을 할 수 있는 사람이라는 이미지를 가진다. 한편 '천재'라고 하면, 태어날 때부터 천부적 재능을 가지고 태어나, 이렇다 할 노력도 하지 않았는데 다른 사람에게는 불가능한 독창성이나 창조성을 가질 수 있었던 사람을 가리킨다는 이미지도 자칫 가지기 쉽다.

하지만 생각해보면 초일류 달인의 창조성은 분야에 따라 상당히 다르다. 미술 등에서는 과거에 없었던 스타일이 창조적인 것이라고 파악된다. 과학에서는 아직 아무도 발견하지 못했던 것을 발견한 사람을 위대하고 창조적인 과학자라고 말한다. 하지만 음악연주, 발레, 노 등의 퍼포먼스형 예술에서는 오랫동안 몇천, 몇만의 아티스트가 동일한 악곡이나 프로그램을 연주하거나 연기해오고 있다. 이런 분야에서는 악곡의 악보나 지시에 대해 충실하면서도 자기 나름대로의 해석, 표현을 탐구하여 자신의 스타일을 창출해낼 것이 요구된다. 자기만의 독특한 스타일이 '독창적'이라고 칭해지는 것이다.

물론 창조성은 예술이나 과학 분야에만 있는 것은 아니다. 스포츠에서도 비즈니스에서도 다른 사람이 흉내 낼 수 없는 독자적인 스타일로 탁월한 판단, 퍼포먼스를 할 수 있는 사람은 창조적인 사람이다.

___ 숙달의 끝에 있는 창조성

이렇게 생각한다면 창조성이란 특별한 재능을 가진 사람이 특별한 분야에서 펼쳐 보이는 특별한 능력이 아니라, 상황에 따라 자기만의 독자적인 스타일로 문제를 해결할 수 있는 능력이라고 할 수 있다. 제4장에서 숙달자의 가장 큰 특징은 임기응변이라는 점을 언급했지만 창조성은 임기응변에 강하다는 점의 연장선상에 있다.

NHK의 「프로페셔널—일의 방식プロフェッショナル—仕事の流儀」이라는 유명한 텔레비전 프로그램에 출연한 사람들은 하나같이 각계를 대표하는 매우 창조적인 숙달자, 장인들뿐이다. 예를 들어 어떤 편에서는 크레인으로 컨테이너를 배 안에 쌓아 올리는 작업을 하는 직업에서 발군의 실력을 자랑하는 인물을 소개하고 있었다. 교형 크레인(갠트리 크레인gantry crane)이라는 초대형 특수 크레인으로 몇 톤이나 되는 철로 된 상자인 컨테이너를 트레일러에서 하나씩 와이어로 매달아 배의 특정 장소에 쌓아올린다. 크레인 조작을 하는 장소는 높이 50미터 위에 있다. 바닥은 온통 유리로 되어 있다. 거기에서 50미터 아래에 있는 선박을 보면서 작업을 한다.

이 프로그램에서 소개되고 있던 달인은 세계 평균 1.5배의 속도로 컨테이너를 쌓을 수 있고, 심지어 착지 시의 충격을 최소화하기 위해 컨테이너를 착지 직전 공중에서 잠깐 멈췄다가 거기서 천천히 아래로 내린다는, 다른 사람에게는 도저히 불가능한 기술을 가지고 있다. 프로그램 안에서 가장 인상적이었던 것은 예기치 않은 사태에 맞닥뜨렸을 때의 대처 방식이었다. 어느 순간 컨테이너를 매다는 와이어의 길이를 조절하는 기기에 오류가 생겨 컨테이너가 기울어져 버렸다. 컨테이너를 원래 있던 위치로 되돌릴 수도 없고, 기울어진 그대로 배에 내릴 수도 없어서, 그야말로 진퇴양난에 빠져버렸다. 그 가운데 컨테이너를 수평 위치로 되돌리기 위해 컨테이너를 벽에 대고 흔들어보거나 모퉁이 한 군데를 레일에 부딪쳐보거나 레버로 흔들림을 제어해보거나 하면서 어떻게든 컨테이너를 수평으로 만들어 마침내 배에 실을 수 있었다.

이런 임기응변적인 대처야말로 숙련을 베이스로 한 창조적 문제 해결 그 자체다. 오랜 세월의 숙련에 의해 평소와는 다른 상황에서 평소와 동일한 방식이 통용되지 않을 때, 다른 사람과는 다른 사고방식과 시각이 가능하기 때문에 다른 대응방식을 생각해낼 수 있었던 것이다. 반대로 말하면 아무것도 하지 않는 상태에서 순식간에 완전히 새로운 것을 태어나게 하는 창조성은 존재하지 않는다. 실제로 많은 분야에서 창조적인 퍼포먼스란 전혀 존재하지 않는 요소를 새롭게 만들어내는 것이 아니라, 이미 존재하는 요소를 여태까지와는 다른 방식으로 조합함으로써 생겨나는 것이다.

___ 지칠 줄 모르는 향상심

숙달자들 중에는 어떤 일을 신속하고 정확하고 안정적으로 할 수 있다는 레벨에 머무르는 타입과 그것을 타파하여 항상 새로운 경지를 추구하는 타입이 있다는 것을 앞서 언급했다. 그 분야에서 초일류라고 여겨지는 사람들은 매너리즘에 빠지는 것을 가장 견디기 힘들어한다. 때문에 항상 난관을 돌파하고자 전진한다. 자신이 살고 있는 시대에 존재하는 최고의 기술과 지식을 철저히 익힌 후, 자신의 현재 상태에서 과제를 발견해내고, 자기 나름대로의 방식으로 현재 상태를 뛰어넘어 향상을 추구한 결과, 창조적이라고 다른 사람들로부터 인정받는 퍼포먼스가 가능해지는 것이다.

가쓰시카 호쿠사이葛飾北斎가 죽음을 앞에 두고 남긴 말은 "앞으로 10년, 아니 5년만 더 살 수 있다면 진정한 화가가 될 수 있었을 터인데"였다고 한다. 호쿠사이는 70세를 넘기고 후지산을 그린 '부악 36경富嶽三十六景'을 완성시켰을 때, 그 후기에 이런 글을 남기고 있다고 한다.

70세 이전에 그린 것은 완전히 하찮은 것들.

73세가 되어서야 새들이나 짐승, 물고기의 골격이 어찌 되어 있는지 다소 깨달을 수 있었노라.

이대로 계속 수행해간다면 100세에 이르러 심오한 경지에 오를 수 있으리라.

110세까지 계속 그릴 수 있다면 모든 것들을 마치 살아 있는 것처럼 그릴 수 있게 되리라.

진정으로 창조적인 사람들이란 향상하는 것에 대한 도전을 멈추지 않는 사람들이다. '창조성'은 하늘에서 떨어지는 것이 아니다.

chapter 4.

'천재'란 어떤 사람인가?

▬ 지레짐작에 얽매이지 않는다

하부 요시하루 씨는 저서 『대국관』에서 창조성에 대해, 방대한 분량의 기보들을 기억하면서 "필요하지 않을 때는 과감하게 버리지만, 필요해질 때 끄집어내서 그것을 바탕으로 새로운 창조를 한다", "정보나 지식은 종종 창조에 간섭한다. 정보나 지식이 선입견이나 지레짐작을 만들어버리기 때문에 아이디어가 떠오르지 않게 된다"라는 취지의 의견을 적고 있다. 기보 연구가 필요 없다는 말이 아니다. 방대한 분량의 기보를 공부하고 머리에 철저히 집어넣으면서도, 그로 인해 지레짐작을 만들지 않도록 의식적으로 노력하고 있다는 말일 것이다.

이 책에서 여태까지 언급해온 것처럼, 현재 가지고 있는 지식은 새로운 지식을 만드는 베이스가 됨과 동시에, 멍에도 된다. 애당초 숙달이란 과정은 대립하는 두 가지 방향성에 대해 절충하고 타협점을 찾아야 하는 과정임에 틀림없다. 제6장에서 언급했던 것을 상기해주길 바란다. 숙달함에 따라 지식은 거대한 시스템이 되고 안정되고 이런저런 생각을 하지 않아도 자동적으로 몸이 움직이게 된다. 그것은 어떤 일을 정확하고 빈틈없이 하기 위해 매우 중요한 일이다. 하지만 한편으로 익숙해지면, 그것은 창조성의 발목을 잡는다. 일류 숙달자가 창조적이라는 것은 그들이 '지레짐작'에 매몰되지 않도록, 항상 의식적으로 지레짐작을 타파하려고 하고 있기 때문이다.

___ 과학적 발견은 '지레짐작'에 대한 극복에서부터

잘못된 지레짐작 지식은 과학 개념의 학습과 발견에 치명적일 수 있다. 일반적으로 과학적 대발견은 대부분의 경우 기존의 이론으로는 예상할 수 없었던 데이터가 얻어졌을 때 이루어진다. 실험을 했는데 기존의 이론으로는 설명할 수 없는 예상외의 결과를 얻었을 때 과학자들이 취하는 태도에는 두 가지가 있다. 기존 이론이 오류라고 생각하고 새로운 이론을 생각해내거나 혹은 실험 방식, 또는 분석 작업 중 어딘가에 오류가 있었다고 생각하거나, 둘 중 하나다.

전혀 가설이 없는 상태에서 과학 연구를 시작하는 것은 불가능하다. 아무런 이론도 없고 예상도 없다면, 무엇을 관측해야 좋을지, 관측된 데이터의 어디를 보아야 좋을지, 어떤 실험을 해야 좋을지, 어떤 실험을 계획해야 좋을지, 이 모든 것들을 정하는 것이 불가능하기 때문이다. 자신의 가설을 가지고 연구한다는 것은 그 가설이 올바른 것임을 나타내는 데 있어서 선입견을 가지고 있다는 말이다. 인정받는 과학자들마저 이런 선입견을 이겨내는 것은 매우 어려운 일이다. 대부분의 경우 예상과 다른 관측치는 무시하거나 실험 절차상의 오류라고 생각해버린다. 예상하지 못한 데이터에 직면했을 때, 자신의 가설에 얽매이지 않고, 데이터를 설명할 수 있는 모든 가능성을 고찰하고 최종적으로 해당 데이터를 설명하는 또 다른 이론을 생각해낼 수 있었던 사람들, 바로 그들이 위대한 발견을 해내고 과학 역사상 이름을 남겼던 사람들이다.

케플러와 브라헤

예를 들어 행성 궤도가 원이 아니라 타원이라는 것을 발견한 요하네스 케플러Johannes Kepler는 아직 천동설이 강하게 신봉되던 시대에 행성 운동 구조를 명확히 하고자 시도했다. 코페르니쿠스가 지동설을 외쳤다고는 해도, 당시에는 아직 그것

요하네스 케플러(좌)와 티코 브라헤(우)

을 받아들이는 연구자가 소수에 그쳤다. 코페르니쿠스 본인조차도 행성은 태양을 중심으로 원 궤도를 그리며 운동하고 있다고 믿고 있었으며, 행성이 타원 궤도로 운동한다는 생각은 그 누구도 하지 못했다.

케플러와 동시대에 티코 브라헤Tycho Brahe라는, 당시 가장 유력한 천문학자가 있었다(그림 7-1). 브라헤는 당시로서는 가장 정확하고 방대한 측정 데이터를 가지고 있었는데, 지동설이 맞다면 아마도 관측되었을 연주 시차(지구 공전 운동으로 지구의 위치가 변하면 지구와의 거리가 보다 가까운 항성은 먼 항성에 비해 위치가 변해 보이는 현상을 말함)가 관측되지 않았다. 이 점 때문에 브라헤 본인은 코페르니쿠스의 지동설을 부정하고 천동설이 올바르다는 결론을 내리게 되었던 것이다.

스승 브라헤가 기록한 방대한 데이터를 손에 넣은 제자 케플

236

러는 화성의 궤도 계산을 하고 있었다. 케플러는 1580년부터 1600년까지 20년간, 화성이 지구에 가장 근접한 때의 10회 관측 데이터에 주목했다. 하지만 완벽한 동그라미 궤도라고 가정해서 계산하자 브라헤의 데이터와 도저히 맞지 않았다. 이론치와 관측치의 차이는 0.13도였다. 평범한 천문학자라면 이것은 분명 '오차'라고 결론지었을 것이다. 하지만 케플러는 이런 미세한 어긋남은, 브라헤의 관측 정확도를 고려해볼 때, 있을 수 없는 숫자라고 직관했다. 아직 컴퓨터가 없던 시절, 어긋나 있는 숫자가 계산 미스에 의한 것이 아니라는 것을 확인하기 위해, 3년 남짓한 시간 동안 꾸준히 계산을 계속한 결과, 역시 행성이 완벽한 동그라미 궤도로 운동하는 것은 있을 수 없다는 결론에 도달했다. 그 후 계란형의 궤도 등을 포함하여, 원 궤도 이외의 여러 가능성도 시험해보았는데, 이 역시 관측치와 계산치가 맞지 않았다. 마지막에야 겨우 타원형이라는 결론에 도달했다고 한다. 정작 데이터를 모았던 브라헤 본인은 천동설을 믿고 있었기 때문에 이런 이론치와 관측치의 차이를 오차로 간주하고 더 이상 나아갈 수 없었던 것이다.

단, 지레짐작 없이 뭔가를 학습하는 것은 거의 불가능하다는 것을 재차 강조해두고 싶다. 사람들은 모종의 '짐작'(직관)이 없다면 뭔가를 학습하는 것이 매우 어렵다. 과학 역시 마찬가지다. 그 '짐작'(요컨대 '가설')은 아직 '지레짐작' 단계의 것이라고 해도 좋다. 지레짐작(가설)은 올바른 경우도 있고, 물론 그 반대의 경우도 있다. 이미 몇 번이나 언급했듯이 뭔가를 학습하고 숙달되어가는 과정에서 중요한 것은, 잘못된 스키마를 만들지 않는 것이 아니라, 잘못된 지식을 수정하고 그와 함께 스키마도 수정해가는 일인 것이다.

세런디피티

조금 탈선을 해보면 세런디피티serendipity란 단어가 있다. 원래는 '세렌디프의 세 왕자'란 동화로 현명한 왕자가 예기치 않은 일에 조우했을 때 거기에서 항상 행운을 초래하는 발견을 한다는 것에서 호레이스 월폴Horace Walpole이라는 영국 소설가가 만든 단어라고 한다. 생각해보면 셜록 홈즈가 하고 있는 추리도 세런디피티라고 말할 수 있을 것이다.

과학에서는 이것이 세기의 발견을 초래하는 열쇠라고 일컬어지고 있다. 자신의 예상과 다른 현상을 보았을 때 간과하지 않고 어떻게 그것으로부터 또 다른 가능성을 발견할 수 있을까. 노벨상의 창시자인 알프레드 노벨Alfred Bernhard Nobel의 다이너마이트 발견 역시 그러했다. X선 발견이나 페니실린의 발견도 세런디피티 없이는 불가능했다. 케플러가 티코 브라헤의 관측 데이터와 이론치가 서로 어긋난다는 이상한 점을 알아차렸던 것도 실로 세런디피티인 것이다.

여하튼 일화로 미루어 떠오르는 케플러 상은 본 장에서 언급해왔던 초일류 숙달자의 특징과 아주 딱 맞아 떨어진다. 오랜 세월의 노력과 연구 결과인 넓고 깊은 지식, 거기에서 생겨나는 직관, 그 분야에서 폭넓게 믿고 있던 상식에도, 자신의 직관에도 지배당하지 않는 사고의 유연성. 그리고 직관을 수정하고 데이터에 근거하여 이론을 축적시켜가며 깊이 고민하는 비판적 사고력. 몇 년이나 되는 세월 동안 꾸준히 지속하는 끈기. 그 모든 것들을 충족시키는 것이 과학이나 그 외의 분야에서도 창조적인 작업을 위해 필요불가결한 것이다.

▬ 자기분석력과 목표

'천재'라고 불리는 최고 인재들의 공통점은 향상에 대한 의욕만이 아니다. 자신의 상태를 적확하게 분석하고 그에 따라 자신의 문제점을 발견하며 그 극복을 위해 보다 양질의 연습방법을 독자적으로 생각하는 능력과 자기관리능력이 무척 탁월하다. 젊은 나이에 탁월한 숙달자가 되는, 이른바 '천재'라 불리는 사람들은 아주 빠른 시기부터 이런 능력을 몸에 익히고 있다.

목표 설정이 중요하다는 것은 누구나 알고 있다. 단 목표를 적확하게 설정하는 일은 결코 쉬운 일이 아니다. 하부 요시하루 씨는 저서 『대국관』에서 목표에 대해 "어느 때는 목표를 만듦으로써 의무감이 강해져 버리는 경우가 있다. 또한 어느 순간에는 원래 좀 더 많은 것, 어려운 것도 할 수 있었는데, 목표가 설정되어 있어서 그냥 안주해버리는 경우도 있다. 하지만 목표는 달성하지 못했더라도 그 프로세스를 통해 많은 것들을 배워 나중에 알고 보면 실력이 월등히 신장되어 있는 경우도 있다"라는 취지의 글을 쓰고 있다. 목표를 제대로 설정할 수 없다면 오히려 자신의 잠재력을 100% 살려낼 수가 없고 목표 달성을 하지 못해서 스트레스를 느끼는 것만으로 끝나 버리는 경우도 자주 있다.

어떤 사람이 되고 싶은지, 그러기 위해 어떤 훈련을 하면 좋을지 등에 대한 구체적인 이미지 없이 "명문대에 가겠다", "금메달을 따겠다", "사장이 되겠다"라는 결과에 대한 소망만을 가지면 결코 숙달자는 될 수 없다. 이치로 선수는 "프로야구

선수가 되겠다"라는 목표를 초등학교 시절부터 가지고 있었는데, 그 목표는 단순히 그 지위를 획득해서 화려한 자리에 올라 고수입을 얻겠다는 것은 아니었을 터이다. 프로선수가 어떤 퍼포먼스를 하는지에 대한 명확한 이미지를 가지고 그 이미지를 실현하는 것이 목표였던 것이다. 타격 센터에서 가능한 가장 빠른 스피드를 설정해달라고 하고, 타격 박스 밖으로 나가 프로 선수들이 던지는 볼을 체감하고자 했던 것은 바로 그 때문이었을 것이다.

제4장의 마지막에 썼던 것의 되풀이가 될지 모르겠으나, 일류가 되는 사람들은 어떤 것을 할 수 있게 되고 싶은지, 일류 퍼포먼스는 무엇인지에 대해, 구체적인 이미지를 그릴 수 있다. 요컨대 자신의 내면에서 이상적이라 생각하고 있는 퍼포먼스가, 자신의 마음속에 있는 눈에 보인다. 그리고 그것을 향해 자신이 무엇을 해야 하는지를 생각할 수 있는 사람들이다. 나아가 그에 대해 좀 더 파고 들어가면 적확한 목표를 가질 수 있다는 것은

- 그 분야의 초일류 달인의 퍼포먼스가 어떤 것인지를 이해할 수 있다.
- 현재의 자신이 어느 정도의 레벨에 있으며 초일류 달인들과

어떤 격차가 있는지를 알 수 있다.

- 그 격차를 메우기 위해 무엇을 하면 좋을지를 구체적인 이미
지로 떠올릴 수 있다.

라는 것이다. 자신이 초일류가 되고, 자기보다 더 위에 있는 사람이 거의 없어져도 자기 안에서 지금보다 좀 더 위에 있는 자신, 목표로 삼을 만한 퍼포먼스를 이미지로 떠올릴 수 있다. 자신이(그리고 다른 사람도) 아직 도달해본 적 없는 지점이 보이고, 거기에 이르는 과정이 보인다. 그것이 초일류 달인과 일류 숙달자와의 차이다. 여기서 말하는 '목표로 삼을 만한 퍼포먼스'나 '거기에 도달하기 위한 구체적인 과정과 방책'이 보이게 된다는 것은 해당 분야의 학습을 통한 수많은 경험과 깊은 지식이 요구되는 일이다.

최종장
탐구인을 길러낸다

chapter 1.

탐구인을 길러내기 위한 심플한 철칙

▬ 탐구인은 새로운 길을 여는 사람

'천재'라 불리는 사람들은 한없이 계속해서 탐구하고 새로운 길을 열어가는 사람들이다. 모든 사람들이 그런 인재를 길러 내고 싶다고 생각한다. 도대체 어떻게 하면 좋을까. 아이들로 하여금 각자가 선택한 분야의 달인이 될 수 있도록 도와주기 위해, 진정으로 심플한 철칙은 무엇일까. 그것은 이하와 같은 두 가지다.

제1조 탐구 인식론을 가질 것

　어떤 분야라도 최고의 달인들은 향상하기 위한 수단을 항상 모색하고 실천하는 탐구인이다. 탐구인이 되기 위해 첫 번째로 필요한 것은 무엇일까. 그것은 탐구 인식론을 가져야 한다는 것이다. 제6장에서 언급했던 도네르 케밥 모델을 떠올리길 바란다. 이런 인식론을 가지고 있으면 탐구인은 될 수 없다. 지식은 스스로 발견하는 것이다. 사용함으로써 신체의 일부가 되는 것이다. 시스템의 일부가 되는 것이다. 그리고 시스템과 함께 점점 변해가는 것이다. 이런 인식론은 그야말로 연구를 부르는 인식론이다. 탐구인을 길러낸다는 것은 이런 인식론을 얼마나 신장시킬 수 있는지에서 시작된다.

　어린 아이들은 제6장에서 언급했던 평가·구축주의의 인식론을 가지기 어렵다. 발달 과정에 있어서 가장 진보된 인식론을 머리가 아니라 신체의 일부로서 이해하기 위해서는 데이터(증거)를 바탕으로 논리를 구축해가기 위한 스킬이 필요하기 때문이다. 하지만 그 맹아는 유아기부터 길러질 수 있다. 여러 현상에 대해 "왜?"라고 묻고, 스스로 답을 구해가는 자세다. 이것은 "지식은 누가 가르쳐주는 것이 아니라 스스로 발견하는 것!"이라는 인식으로 이어지기 때문이다.

제2조 부모도 탐구인일 것

아이가 탐구인이 되기 위해서는 모름지기 부모 역시 탐구인의 인식론을 갖추고 탐구인이 되어야 한다. 어린 자녀일수록 부모의 가치관에 민감하다. 부모 자신이 탐구 인식론을 가진 탐구인이라면 아이가 그런 인식론을 가지게 될 가능성은 매우 높다.

자녀 양육은 정답이 없는 가장 복잡한 문제 중 하나다. 부모가 자신의 자녀를 돌아보지 않고 세상만 살피며 좋은 양육 방법이란 단 하나일 뿐이고 바람직한 양육의 결과 역시 오로지 하나라고 생각하는 인식론을 가지고 있을 경우와, 아이를 주의 깊게 관찰하고 자녀에게 다가가 함께 무엇이 (Best가 아니라) Better인지를 생각해가고자 하는 인식론을 가지고 있을 경우는, 그 어느 쪽이냐에 따라 양육 방식이 자연히 달라질 것이다. 여태까지 언급해왔던 여러 가지 것들을 바탕으로 아이와 함께 부모가 탐구인이 되기 위한 힌트 중 몇 가지를 언급해보겠다.

효율을 추구하는 위험성

스스로 탐구를 경험하고 그 즐거움을 맛보고 그 과정이 습관이 될 것. 그것이 탐구 인식론을 가지기 위해서는 절대적으로 필요하다. 그렇게 되기 위해 어떻게 아이들을 교육시키면 좋을까.

우선 언어 선택에 주의해야 한다. 어른들이 외국어를 배울 때 '가르쳐주지 않으면 모를 것'이라 생각하는 것들을, 모국어를 배우는 아이들은 모두 스스로 발견하고 자신의 신체의 일부로 하고 있다. 즉 극단적인 표현을 빌리자면, 아이에게 발견하는 것의 소중함 따위, 가르칠 필요가 없다는 말이 된다. 아이는 이 세상에 태어나면서 이미 스스로 지식을 발견할 수 있도록 만들어져 있기 때문이다. 그렇다면 아이가 탐구 인식론을 잃어버리는 것은 어째서일까?

말을 이해할 수 있게 되면 말로 '가르치고', '배우는' 것이 가능해진다. 인류는 언어를 획득함으로써 선구자들이 구축해왔던 지식을 차세대에게 전해주며 지성을 진화시켜왔다. 말로 지시하고 가르치는 것은 지식을 공유하기 위해 무척 효율적이다. 하지만 그 효율성의 배후에는 위험성도 도사리고 있다. 말을 사용해서 배울 때, 말하고 있는 것의, 혹은 글로 적혀 있는 것의, 그 글자만을 파악하고 스스로 이해했다고 착각해버리는 것이다. 말로 배워서 그것을 '기억하면' 실은 이해하고 있지 않은데도 "기억하고 있기 때문에 이해한 것"이라고 생각해버린다. 가르치는 쪽도 질문을 했을 때 상대방이 키워드를 사용해 답변하면 "이해했다"고 생각해버린다. 가르치는 쪽도 배우는 쪽도 말로 가르치고 배우는 것이 효율적이기 때문에 그것이 규범이 되어버려서 '기억하는' 것이 지식을 얻는 것이며 많이 기억하는 것이 가장 좋은 것이라는 도네르 케밥 인식론에 빠져버리는 것이다.

만약 부모가 "많이 기억하는 것이 중요하다"는 도네르 케밥 인식론을 가진다면, 가능한 한 많은 지식을 효율적으로 얻는 것이 아이에게 좋을 거라고 생각한다. 그러면 아이가 시간을 충분히 두고 마음껏 놀거나 생각하기보다는 말로 기술된 수많은 '지식의 단편들'을 기억하는 쪽이 중요하다고 생각해버릴 수 있다. 이렇게 해서 아이는 어린 시절부터 "누군가가 가르쳐준 것을 기억하는" 것에만 익숙해지고 그것이 당연하다고 생각해버린다. 태어났을 때부터 실천해왔던 '스스로 발견하는' 행위를 더 이상 하지 않게 되는 것이다.

___ 말을 암기하는 것, 말을 사용해 생각하는 것

물론 말을 매개로 배우는 것이 잘못됐다고 말하고 있는 것은 아니다. 그 점은 오해하지 않길 바란다. 아이는 말을 통해 많은 지식을 배우고 있으며, 그것은 사회에서 살아가기 위해 습득해야만 할 거대한 개념의 시스템을 만들어내는 데 절대적으로 필요한 일이다. 하지만 어린 아이는 말을 암기하는 것이 아니라 말이 가리키는 개념을 스스로 추론해서 배운다.

나도 이런 실험을 해본 적이 있다. 3세 아이와 5세 아이에게 고래는 '이도폼'이란 효소를 가지고 있다고 가르쳤다. '이도폼'은 실제로는 존재하지 않는 단어다. 그리고 원숭이와 상어 그림을 보여주고 '이도폼'을 가지고 있는 것은 어느 쪽인지 물어보았다. 절반 정도의 아이들에게는 그림을 보여주기만 하고 질문을 했다. 나머지 절반의 아이들에게는 고래와 원숭이는 '포유류'고 상어는 '어류'라고 말해주었다. '포유류', '어류'의 개념이 무엇인지, 아무것도 가르치지 않은 채, 말만 가르쳐주었던 것이다. 그림만 본 아이들은 모두 상어를 골랐다. 하지만 고래와 원숭이가 양쪽 모두 '포유류'란 명사를 가진 동물이라는 것을 안 아이들은 고래와 똑같은 효소를 가진 것은 원숭이라고 생각했던 것이다. "고래는 ○○란 효소를 가지고 있다"란 것을 의미도 모른 채 그냥 통째로 외운 것과 '포유류'라는 단어를 키워드로 스스로 일반화하여 개념을 만들어가는 과정은 전혀 다른 것이다.

몇 번이나 반복하지만 모든 암기가 나쁘다고 말하고 싶은 것이 아니다. 그 의미를 깊게 이해하려 하지 않은 채, 어쨌든 암기하면 그 개념을 안 것이 된다는 인식론이라면, 그 상태의 암기란 도네르 케밥 형상의 지식이 되어버릴 뿐이라는 말이다.

chapter 2.
놀이 안에서 탐구심을 배양한다

___ 놀이는 탐구의 보고

인식론은 살아가는 방식의 문제이기도 하다. 아이는 부모나 교사를 보고 자란다. 아이는 탐구를 해야 하는데, "부모인 나는 이미 학교 교육을 마쳤기 때문에 나와는 무관하다", 혹은 "아이를 탐구인으로 만드는 것은 학교에 맡겨두면 된다"라는 마음을 부모나 교사가 가지고 있다면 탐구인을 길러낼 수 없다. 평소 생활이 탐구의 싹을 배양시키기 때문이다. 특히 놀이는 탐구의 보고다.

탐구 인식론을 기르기 위해 중요한 것은 무엇일까. 우선은 스스로 발견하는 것, 스스로 뭔가를 만들어내는 것에서 기쁨을 맛봐야 한다. 하지만 그에 버금가게 중요함에도 불구하고 자칫 잊기 쉬운 것이 있다. 바로 끈질김을 길러주는 일이다.

'끈질김'이란 단어도 여러 가지로 해석이 가능한 말이어서, 사람들이 제각각 다른 의미로 납득해버리기 쉽다. 여기서 말하는 '끈질김'은 영어로 말하면 서로 다른 의미를 가진 두 단어, endurance와 resilience를 아우른 개념, 요컨대 오랫동안 계속할 수 있는 '끈기'와 실패해도 포기하지 않는 '복원력' 양쪽 모두를 가리킨다고 생각해주길 바란다. 제7장에서 언급했듯이 최고의 숙달자가 되기 위한 조건으로 가장 중요한 것은, 집중 훈련을 몇 년이든 매일같이 계속할 수 있는 저력이다. 독창성은 훈련 성과가 쌓이다 보면 그 끝에서 비로소 태어난다. 그 과정에서 필요한 '끈질김'은 똑같은 일을 매일 새로운 시점에서 지속할 수 있는 저력, 그때 좌절하고 포기하지 않고 그것을 극복할 수 있는 마음이다.

아이들은 원래 발견이나 창조에 능하다. 하지만 금방 포기하거나 싫증을 잘 낸다. 독창성도 중요하지만 어린 시절 동안 반드시 단련해야 할 것은 어렵다고 금방 포기하지 않으며, 똑같은 것을 반복하는 것에 싫증을 내지 않고 끈질기게 계속할 수 있는 힘인 것이다. 그런 '끈질김'을 배양하는 것이 바로 '놀이'다.

역할 놀이와 언어 발달

놀이의 효용성은 여러 가지다. 놀이는 사람의 기분을 재충전하게 해주고 다른 사람과의 사회적 관계를 구축해가는 데 도움을 준다. 운동을 동반하는 놀이는 운동 능력 발달에도 중요하다. 하지만 그 이상으로 어린 시절의 놀이는 지성의 발달에 매우 중요하다.

지성 발달의 근간은 상징할 수 있는 능력이다. 인간이 동물보다 월등한 점은 그 '상징 능력'이라고 해도 무방할 것이다. 일반적으로 '상징'이란 단어는 "비둘기는 평화의 상징"이라는 식으로 사용된다. 여기서의 '상징'은 어떤 구체적인 사물이 눈에 보이지 않는 추상적인 개념을 대표적으로 나타낸다는 의미로 사용되고 있다. 그러나 원래 '상징'이란 것은 그 반대의 방향, 요컨대 구체적인 것으로부터 정보의 에센스만을 끄집어내서 추상화시킨 것이다. 우리들이 눈앞에 마주하고 있는 사물이나 사건들은 방대한 정보를 포함하고 있다. 동일한 사물이라도 빛이 어떻게 비춰지는지에 따라 눈에 들어오는 정보는 달라진다. 방대한 정보를 필요한 최소한의 에센스로 압축해서 추상화한 것이 상징(심볼)이다.

정도에 차이는 있겠지만, 우리들은 모두 그림을 그릴 때 직접 본 세계를 상징화하고 있다. 아무리 정밀한 구상화라도 눈으로 본 세계를 어떤 일정한 빛이나 환경에 따라 잘라내어 자신의 해석을 더해 '마음으로 본 세계'를 그리는 것이다.

언어는 궁극적인 상징이다. 말은 사물이나 동작, 사건에 대해, 한정된 특정한 기준에만 주목해서 카테고리를 만든다. 요컨대 언어는 세계를 다양한, 하지만 일관된 기준으로 잘라내고, 정리하고, 상징화하고, 나아가 개개의 상징을 연관시켜 시스템을 만들고 있는 것이다. 세계의 방대한 정보 가운데 불필요한 것들을 버리고 상징화함으로써, 우리들은 하나의 상징을 다른 상징과 조합시키고 새로운 상징, 요컨대 '새로운 지식'을 만들 수 있게 된다.

아이들은 자연스럽게 '역할 놀이'를 한다. 역할 놀이 안에서 아이들은 사물의 특징에 휘둘리지 않고 사물을 상징적으로 다룰 줄 아는 능력을 발달시킨다. 예를 들어 아이들은 컵이 없는데도 뭔가를 컵으로 간주하며(혹은 빈손으로) 마치 컵으로 마시고 있는 듯한 흉내를 낸다. 컵의 색이나 형태와 무관하게 컵의 기능을 이해하고 그것을 상징화해서 '컵으로 마시는 흉내'를 내고 있었다는 말이 된다. 아이들은 놀이를 통해 배우고 있는 것이다. 말을 배우기 위해 필요한 과정, 즉 세상의 여러 모습을 잘라내고 상징화하는 것을 시험 삼아 해보고 있다고 봐도 좋다.

실제로 역할 놀이와 언어의 발달은 연동해서 일어나고 있다. 맨 처음에는 젖병 형태를 한 장난감이 없으면 인형에게 우유를 먹일 수 없었지만, 조금 성장하면 나무토막 등 기능이 확연히 정해지지 않은 것으로 대용할 수 있게 된다. 그러는 동안 물건이 없어도 '흉내'만으로 인형에게 우유를 줄 수 있다. 혹은 젖병과는 전혀 형태나 기능이 다른 것을 젖병으로 간주할 수 있게 된다. 이처럼 단어와 상징 능력은 놀이를 매개로 함께 발달해가는 것이다.

놀이의 다섯 가지 원칙

세계를 상징화하는 법을 배우는 것이 중요하고 그러기 위해 놀이가 필요하다면, 이왕이면 상징화를 도울 수 있는 놀이를 하는 것이 좋겠다고 생각하게 될 것이다. 실제로 세상에는 "놀면서 ○○를 배웁니다"라고 강조한 완구, 혹은 영어나 음악, 체조 등의 레슨이 넘쳐나고 있다. 그런 '배움'이 아이의 지적 능력을 발달시키는 '좋은 놀이'일까.

놀이의 중요성을 지적하며, 아이가 놀이를 통해 배울 수 있다는 점을 호소하여 세계적으로 주목받고 있는 연구자들이 미국에 있다. 템플대학 캐시 허시 파섹Kathy Hirsh-Pasek과 델라웨어대학의 로버타 골린코프Roberta Golinkoff다. 그녀들은 '놀이'에 대해 아래와 같은 다섯 가지 원칙을 제창하고 있다.

놀이의 다섯 가지 원칙

1. 놀이는 즐겁게 해야 한다.
2. 놀이는 그 자체가 목적이어야만 하고 뭔가 다른 목적(예를 들어, 문자를 읽기 위해, 영어를 말할 수 있게 되기 위해)이 있어서는 안 된다.
3. 놀이는 노는 사람의 자발적 선택에 의한 것이어야만 한다.
4. 놀이는 노는 사람이 능동적으로 관여해야만 한다. 누군가가 놀아주면 놀이가 아니다.
5. 놀이는 현실에서 벗어난 것으로 연기 같은 것이다. 아이가 뭔가 '시늉'을 하고 있으면 그것은 놀이다.

자주 접하는 "놀이 감각으로 ○○를 배운다"는 것이 진정한 놀이인지 아닌지, 다시 한번 어른들은 생각해봐야 한다. 이상의 다섯 가지 원칙을 아이 입장에서 충족하고 있으면 그것은 '놀이'라고 말해도 무방할 것이다. 하지만 학원이나 부모는 '놀이'라고 생각해도 아이 입장에서 "시키니까 하고 있다"거나 "이것은 공부!"라고 생각되어 단순히 수동적으로 지시받은 것을 하고 있다고 느낀다면, 그것은 '놀이'가 아닌 것이 되어버린다.

■ 놀이 도구와 노는 방식

상징 능력을 기르기 위해 알아두었으면 하는 것이 또 한 가지 있다. 창조성으로 이어지는 '상징'이란 것은 눈앞에 있는 사물의 특징에 구애받지 않고 그것에 또 다른 역할을 부여하거나 또 다른 시각으로 바라볼 수 있다는 말이기도 하다. 아이에게 어떤 기능에 한정된 도구나 장난감만 계속 주면, 아이는 자신이 원래 가지고 있던 '사물을 상징화하는 능력'을 손상시켜버릴 위험성이 있다. 그것을 나타내는 다음과 같은 연구가 있다.

아이들을 두 그룹으로 나누어 한 그룹에는 대답이 하나로 정해져 버리는 놀이 도구(목적 한정의 도구)를 주고, 나머지 한 그룹에는 '올바른 정답'이 없는 놀이 도구(목적 비한정의 도구)를 주었다. 아이들이 일정 시간 해당 도구로 놀이를 한 후, 레고 블록을 주고 어떤 것을 만드는지 살펴보았다. 그러자 목적 비한정 도구로 놀았던 아이들은 실로 다양한 여러 구조를 만들 수 있었고 제각각 독창적인 이름을 부여할 수 있었다. 시행착오를 거듭하였고 싫증을 내지도 않았다. 반대로 목적 한정의 도구를 받은 아이들은 한계에 도달하면 거기서 '사고 정지 상태'가 되어버려 몇 번이고 똑같은 것을 반복하고 있었다. 포기하는 것도 빨랐다.

이 연구는 어떤 장난감을 선택해야 할지에 관해서뿐만 아니라, 아이들의 놀이 전반에 대해 중요한 점을 가르쳐준다. 어떤 특정한 기능을 가진 장난감은 아이의 흥미를 끌기 쉽다. 버튼을 누르면 바로 음악이 흐르거나 움직이기 시작하는 등의 기능을 가진 장난감에 아이들은 강한 흥미를 느끼며 맨 처음에는 열심히 가지고 논다. "뇌에 자극을 주는 장난감"이라든가 "뇌가 활성화되는 장난감"이라는 선전 문구가 적혀 있다면, 장난감을 사기 전에, 제5장에서 언급했던 것을 상기하고 잠시 생각해보길 바란다. 그렇게 일시적으로 뇌(특히 전두엽)를 활성화시키는 것이 지성의 발달이나 감정 발달에 장기적으로 도움이 된다는 증거는 존재하지 않는다.

　　장난감을 선택할 때는 아이가 바로 달려들지의 여부가 아니라, 해당 장난감을 아이가 사용하는 동안 얼마나 여러 가지 것들을 시도해보고 상징화하고 창조의 날개를 펼칠 수 있을까 하는 점이 중요하다. 아이가 금방 빠져 버려도 금방 또 싫증을 내버리는 장난감, 한번 어떤 방식으로 완성시키면 다른 방식을 생각할 필요가 없는 장난감, 음이나 움직임의 자극이 계속 나와서 아이들에게 생각할 여지를 주지 않는 장난감은 상상력을 자극시키는 경우가 그다지 없다. 때문에 창조성을 기르는 것으로도 이어지지 않을 것이다.

　　좋은 그림책도 마찬가지다. 아이들은 누군가가 매일 다른 그림책을 읽어주는 것보다 좋아하는 그림책을 반복해서 읽어주는 것을 선호한다. 똑같은 이야기를 몇 번이고 듣는 것은 매우 중요하다. 매번 조금씩 다른 기분으로 똑같은 이야기를 듣고 조금씩 다른 발견을 한다. 최고의 달인들은 자신이 궁극적인 경지에 도달하고자 하는 것을 항상 새로운 시점에서 새로운 아이디어를 찾아가며 계속할 수 있는 사람이다. 그러기 위한 맹아가 바로 여기서 태어나는 것이다.

chapter
3.

배우는 힘은 스스로 익힌다

▬ 결과에 대한 보수는 마이너스 기능을 한다

아이들에게는 야단을 치기보다도 칭찬하는 것이 중요하다. 많은 사람들이 알고 있는 사실이지만 칭찬을 한다고 무조건 좋다는 것은 아니다. 무엇에 대해 칭찬하는지가 중요하기 때문이다.

어떤 칭찬 방식을 시도할 때 수학 공부에 임하는 아이들의 태도가 향상되었는지 조사한 연구가 있다. 아이들은 컴퓨터게임 형식으로 수학 문제를 풀었다. 아이들을 두 그룹으로 나누고, 한쪽 그룹에 속한 아이들에게는 정답을 말하면 칭찬해주었고, 다른 쪽 그룹에는 배우는 태도에 대한 칭찬을 해주었다. 태도에 대한 칭찬을 받았던 그룹의 아이들은 정답에 대해 칭찬을 받았던 아이보다도 수학에 대한 이해도 향상이 뚜렷했다. 하지만 더욱 중요한 점은 수학에 대한 태도가 바뀌었고 정답에 대해 칭찬받았던 아이들보다도 어려운 문제에 도전하는 시간이 길어졌다는 사실이다.

정답에 대해 돈이나 물건으로 계속 보수를 주면 효과가 없을 뿐만 아니라 역효과를 낸다는 충격적인 연구 결과도 있다. 어떤 연구에서는 수학과 관련된 '게임'을 초등학교 4학년 학생과 5학년 학생에게 시켰다. 이때 게임을 했던 절반의 아이들에게는 보수를 주고, 나머지 절반의 아이들에게는 보수를 주지 않았다. 과연 어느 쪽 아이들이 게임을 즐겼을까.

보수를 받았던 아이들은 당초 즐거워하며 성실히 게임에 임했다. 하지만 보수가 없어지자 게임에 대한 흥미는 급격히 떨어졌고, 애당초 전혀 보수를 받지 못했던 아이들보다도 해당 게임을 하지 않게 되었다.

결과에 대한 물질적 보수는 창조적인 사고에도 악영향을 미친다는 것이 또 다른 연구 결과로 드러났다. 이 연구에서는 초등학교 4학년, 5학년 학생들에게 가설을 생성해서 문제 해결을 하는 과제를 시켰다. "잘 한 사람에게는 장난감을 주겠다"고 보수를 약속받았던 아이들은 약속을 받지 못했던 아이들에 비해 체계적인 가설을 만들지 못했다. 심지어 일주일 전후로 이와 관련된 다른 문제를 시키자 보수를 약속받았던 아이들은 약속받지 않았던 아이들에 비해 성적이 나빴던 것이다.

보수를 주겠다고 하며 뭔가를 시키면 아이들은 자발적인 흥미를 잃고 보수를 얻기 위해 그 과제를 하게 된다. 그러면 자기 나름대로의 참신한 생각을 하지 않게 되고, 보수를 받기 위해 간단한 방법으로 적당히 결과를 내버리고 만다.

▬ 탐구인은 자유방임으로 길러지지 않는다

근래에 '비판적 사고'와 함께 '액티브 러닝'(주체적 배움)이란 단어가 교육계의 키워드로 떠오르고 있다. 선생님이 말하는 것을 다소곳이 앉아 수동적으로 암기하는 배움이 아니라 아이가 주체적으로 배우는 것이 중요하다는 말이다. 이것은 이 책에서 지금까지 언급해왔던 탐구 인식론과 완전히 궤도를 같이 하는 개념이다. 단 그것을 어떻게 실현할지에 대해서는 반드시 일치하지는 않는 듯하다. 놀이나 학교에서의 배움 속에서 아이가 스스로 발견하는 것이 중요하다는 것은, 자칫 모든 것을 아이에게 맡기고 내버려두는 편이 가장 좋다는 오해를 받기 쉽다. 하지만 그것은 다르다. 예를 들어 유아에게 블록이나 점토 등 특정한 기능이나 목적을 가지지 않는 완구를 그대로 건네기만 하면, 아이들은 무엇을 어떻게 해야 좋을지 모른 채 흥미를 느끼지 못하고 내던져 버릴 것이다.

놀이를 통해 아이들은 실로 여러 가지 것들을 배울 수 있다.

상징 능력 배양은 물론, 타자와 관계하는 방식, 즉 커뮤니케이션을 취하는 방법을 배울 수도 있다. 하지만 아이들이 처음부터 다른 아이들과 사이좋게 함께 놀 수 있는 것은 아니다. 아이들이 맨 처음 타자와 어떻게 관계를 맺어갈지를 배울 수 있는 것은 부모와의 놀이를 통해서이다.

아이가 놀이로부터 무엇을, 얼마나 배울 수 있는지는 어디까지나 부모의 기량에 달려 있다. 부모가 주도권을 잡고 '가르칠' 요량으로 임하면, 그것은 아이 입장에서 놀이가 아닌 것이 되어버린다. 한편 모든 것을 아이에게 맡겨버리면, 아이는 새로운 것, 눈앞의 시선을 끄는 물건에만 차례차례 신경을 빼앗겨 버리게 되어, 특정 놀이에 시간을 충분히 두고 집중하는 경우가 줄어든다. 부모는 장난감이나 그림책 등 놀이 도구의 선택, 놀이를 위한 환경 만들기, 무엇보다 아이와 접하는 방식에 대해 고민할 필요가 있다.

예를 들어 그림책을 읽은 후, 거기에 나왔던 단어들의 의미나 스토리를 테스트하듯 따져 묻거나 하면, 아이들은 그림책을 즐길 수 없게 되고, 부모가 책을 읽어주는 것을 원치 않게 될 것이다. 책에 적혀 있는 키워드나 스토리를 즐기기보다는 질문에 대답을 잘 하기 위해 외우려는 태도가 몸에 배어버린다.

어떤 놀이, 어떤 그림책을 택할지는 아이의 발달 레벨에 따라 변해간다. 아이의 발달에 맞추어 아이가 가장 즐거워하고 상상력을 충분히 발휘할 수 있고 탐구할 수 있는 놀이나 그림책을 선택할 수 있어야 한다. 부모의 센스가 가장 필요한 대목이다. 자잘한 것까지 너무 다 결정해주지 말고 아이들에게 맡기면서도, 중요한 틀은 부모가 결정하는 것이 중요하다. 그러기 위해 부모는 아이가 이해하는 방식이나 즐기는 방식을 고민하고 아이의 개성과 발달 단계에 맞추어 '함께 할 수 있는 놀이'를 생각하는 탐구인이 되길 바란다.

깊고 넓은 지식을 얻기 위해

학교에서의 배움 역시 마찬가지다. 유아기의 배움과 아동기 이후의 배움의 큰 차이점은 일상생활 장면이 아니라 학교라는 문맥에서 학습해야 할 지식이 훨씬 늘었다는 점일 것이다. 국어, 수학, 과학, 사회, 영어 등 교과목마다 나뉘어져 있는 방대한 양의 '지식'을 배우게 된다.

가르치는 사람이나 배우는 사람이 모두, 가능한 한 많은 지식을 '가르치고자', '배우고자' 하는 인식론을 가지고 있다면 지식의 단편('사실'이라고 생각되는 것)을 어쨌든 '외운다'는 도네르 케밥 인식론에 필연적으로 도달해버린다. 그렇게 되지 않으려고 좁은 범위의 분야만 깊게 파고들어 가면 그것 역시 충분치 않다. 지식에 폭이 없다면 여러 상황에서 사용할 수 있는 지식이 없는(부족한) 것이 되어버리기 때문이다. 지식의 시스템을 구축하기 위해서는 넓이와 깊이 양쪽 모두 필요한 것이다.

그러므로 아동기 이후의 배움에서는 '시간 활용 방식'이 열쇠가 된다. 어떻게 해야, 좋아하는 학교 외 활동 시간, 운동하는 시간, 충분한 수면을 취할 시간까지 모두 확보하면서, 지식의 넓이와 깊이를 얻는 것이 가능해질까. 그것에 대해서는 아이 스스로 배우는 힘을 기를 수밖에 없다. 애당초 학교에서 아무리 폭넓게 여러 분야를 커버해도 기술이나 필요 지식이 단기간에 한없이 진화해가는 현대 사회다. 필요한 지식은 스스로 익히며 자기가 자신을 진화시켜갈 수밖에 없다. 도네르 케밥 인식론으로 앞으로의 세계를 헤쳐갈 수 없다는 것은 분명하다.

탐구 인식론을 가지고 계속해서 배워가는 탐구인을 길러내기 위해 무엇을 해야 할까. 우선 첫 번째로 학교는 '지식을 외우는 장소'가 아니라 지식 사용법을 연습하고 탐구하는 곳이 되어야 한다. '지식 사용법 연습'이란 가지고 있는 지식을 여러 분야에서 활발히 사용하고 그것을 통해 새로운 지식을 스스로 발견하고 얻는다는 말이다. 그것이야말로 액티브 러닝의 본질이다.

___ 잘못된 스키마의 수정

탐구인을 길러내기 위해 두 번째로 중요한 것은 잘못된 스키마의 수정이다. 이 책에서 몇 번이나 언급해왔던 것처럼 아이들은(성인들도) 경험에 의거하여 잘못된 스키마를 만든다. 스키마는 개념의 근간이다. 스키마에 오류가 있으면 그에 관해 뭔가 새로운 것을 읽거나 듣거나 해도 해당 스키마에 맞추는 형태로 이해해버린다. 스키마에 맞지 않은 정보는 애당초 수용되지 않는다. 따라서 잘못된 스키마는 오히려 배움의 장해가 되기 때문에 수정해야 할 대상이다. 하지만 "잘못되어 있다"고 지적해주고 정답을 가르쳐주어도 잘못된 스키마는 좀처럼 수정되지 않는다. 여태까지 가지고 있던 자신의 이해 방식이, 지금 관찰하고 있는 현상과 모순된다는 것을 스스로 알아차리지 않는 한, 잘못된 스키마는 수정되지 않는다.

발달심리학에서 ZPD라고 일컬어지는 개념이 있다. Zone of Proximal Development의 축약형으로 젊은 나이로 세상을 떠난 러시아의 심리학자 레프 비고츠키Lev Semenovich Vygotsky에 의해 제창되었다. 일본어로는 '발달의 최근접 영역'이라고 한다. 아이들의 지식의 발달과 교육에 관한 가장 중요한 개념이다.

아이들은 성인이나 약간 연상의 동료의 힘을 빌려 지금보다 조금 더 발달 레벨이 높은 곳으로 올라간다. 그것을 도와주는 것은 어른들의 중요한 소임이다. 아이들을 위에서 잡아당기는 것이 아니라 스스로 기어 올라갈 수 있도록 환경을 만들고 아래에서 조금만 뒷받침해준다. 레벨 설정이 현재 상태보다 너무 높아도 너무 낮아도 좋은 결과를 기대할 수 없다. 현재 상태에서의 아이들의 지식을 정확히 꿰뚫어보고, 스스로의 힘으로 올라갈 수 있는 딱 좋은 레벨 설정을 해준다. 아이의 잘못을 무턱대고 부정하지 않고 꾹 참는다. 아이가 잘못된 스키마를 가지고 있을 때는 그것을 정확히 판단하여 아이가 자신의 스키마가 이상하다는 점을 눈치 챌 수 있는 환경을 설정한다. 그것이 교사나 부모의 역할이지 않을까.

아이가 자신의 스키마가 잘못되어 있다는 사실을 깨닫고 스스로 수정할 수 있다면 그 기쁨과 감동은 테스트에서 좋은 점수를 받아 용돈을 받는 데 비할 바가 아닐 것이다. 그리고 이 경험은 배움에 대한 의욕으로 이어지며 나아가 '배움=누군가가 가르쳐준 것을 기억하는 것'이란 도네르 케밥 인식론으로부터 벗어날 수 있게 될 것이다.

아이들의 발달 단계, 지식의 단계에 맞추어 아이가 스스로 발견하고 스스로 진화할 수 있는 상태를 설정한다. 이것은 이론 강의에서 배울 수 있는 것이 아니다. 부모도 교사도 가르치는 일의 숙달자여야만 한다. 그러기 위해서는 그 자신이 계속 배우는 탐구인이 되는 길밖에 방법이 없다.

___ 타인과 함께, 타인에게 의지하지 않고

요즘 '모둠학습'이라는 단어를 자주 접한다. 학생들이 의자에 얌전히 앉아 선생님의 이야기를 듣는 기존의 수업 스타일에서, 그룹 단위로 함께 작업을 하거나 토의를 하는 스타일로 바뀌는 와중이다. 이것은 인지과학적으로 매우 의미가 있는 일이다. 우선 자신의 생각을 타인에게 말하는 것이 생각을 명확하게 하고 정리하는 데 매우 도움이 된다. 자기는 알고 있다고 생각하고 있던 것이라도 막상 다른 사람에게 설명하고자 하면 잘 설명할 수 없는 경우가 있다. 그러면 스스로 무엇을 이해할 수 없었는지 알게 되는 것이다.

여러 사람들이 모여서 서로 생각을 교환함으로써 혼자서는 미처 생각해내지 못했던 시점이나 아이디어를 발견할 수 있다는 이점도 있다. 실제로 사회에서는 대부분의 프로젝트가 복수의 멤버들에 의해 이루어진다. 다양한 시점, 가치관, 지식, 스킬이 시너지 효과를 낳는다. 협업을 잘 하기 위해서는 경험이 필요하다. 따라서 학교에서 협업에 의해 프로젝트를 완성하는 연습을 하는 것은 무척이나 중요한 일이다. 하지만 여러 사람들이 모인다고 항상 긍정적인 효과만 있는 것은 아니다. 참가자 한 사람 한 사람이 탐구 인식론을 가지고 있지 않으면 시너지 효과는 생겨나지 않는다.

중요한 점은 혼자서 생각하는 것을 소홀히 해서는 안 된다는 것이다. 제7장에서 소개했던 앤더스 에릭슨은 최고의 숙달자일수록 혼자서 하는 연습에 시간을 들인다는 결과를 발표하고 있다. 세계적 수준의 체스 플레이어들에게 혼자서 공부하는 시간과 토너먼트에서 시합하는 경험 중 어느 쪽이 더 중요한지를 물었다. 혼자서 공부하는 시간 쪽이 더 중요하다는 답변이 대다수였다고 한다.

물론 책상 앞에 앉아 수동적으로 수업을 듣고 외우던 기존의 수업 스타일이 좋다고 말하는 것은 아니다. 하지만 자신에게만 있는 지식이나 스킬, 탐구 인식론이 없다면 협업에 공헌할 수 없다. 타인에게는 없는 지식, 스킬, 사고방식을 가지기 위해서는 스스로 고민해가면서 자기 혼자 배우는 습관과 배우는 방식을 어린 시절부터 몸에 익히지 않으면 안 된다.

___ 타인을 기르는 달인들의 말

탐구인으로 길러내기 위해서는 자신이 탐구인이 될 수밖에 없다. 이것은 부모든 교사든, 아이들과 관련 있는 모든 사람들—요컨대 사회에서 살아가는 모든 인간들—에게 할 수 있는 말이다. 마침내 이 책을 탈고하는 와중이던 바로 그 날, 일본 럭비에 기적을 초래했다고 일컬어지는 감독 에디 존스 씨의 인터뷰 기사를 읽었다(2016년 2월 3일자 아사히신문). 탐구인을 길러내기 위한 진수가 짧은 기사 안에 응축되어 있었다.

에디 씨는 다음과 같이 말하고 있다.

> 우리 인간들은 자칫 편한 쪽으로 나아가기 마련입니다. 변화하는 것은 언제나 힘든 법입니다. 그래서 하루하루를 살아가는 방법, 생각하는 방식부터 바꾸어가려고 생각하고 있습니다. 아주 조금, 3~5%의 자그마한 의식 변화. 그것이 커다란 차이를 낳는 것입니다.

에디 씨는 일본인들이 타인에게 순종적인 태도를 취하도록 교육받고 있다고 말한다. 그런 일본 선수들을 에디 씨는 극한적인 상황으로 내몰며 바뀔 수 있도록 했다는 것이다. 그것은 선수가 '스스로 생각하는' 의식을 만드는 과정이었다.

앞서 언급했던 것처럼 이것은 그대로 학교 교육의 목표가 될 수도 있다. 모둠학습(액티브 러닝)만 한다고 주체성이 몸에 저절로 배는 것은 아니다. 방식이 나쁘면 오히려 타인에게 다 맡겨버리는 학습을 조장해버린다. 제7장에서 언급했던 초일류 달인들의 공통점은 학습을 스스로 생각해낸다는 것이다. 자신의 현재 상황을 정확히 분석하고 약한 점, 극복해야 할 과제를 깨달으며, 그에 적합한 배움을 스스로 고민한다. 그런 자율적인 배움의 자세를 가지는 것이야말로 학교 교육의 목표로 삼아야 할 것이다. 그리고 그러한 교육이 이루어질 수 있도록 지도자는 자신의 배움을 심화시켜가지 않으면 안 된다.

　지금 교육계는 '수동적인 배움'에서 '주체적인 배움'으로 큰 전환이 일어나고 있는 와중이다. 그와 함께 "지금까지 해왔던 지식 편중의 교육을 바꾼다"라는 말을 자주 접하게 되었다. "지식은 이제 필요치 않다"는 과격한 말까지 듣는 경우도 있다. 그런 말을 들을 때마다 매우 위화감을 느끼며, 도대체 무슨 말을 하고 있는지 모르겠다는 생각도 들었다. 나에게 있어서 '배우는 것'은 '지식을 얻는 것'이었기 때문이다.

　얼마 후 '지식'이란 단어가 전혀 다른 의미로 사용되고 있음을 감지했다. "지식은 필요치 않다"라고 말할 때, 지식은 '기억해야 할 사실의 단편'이란 의미로 사용되고 있는 것이다. "주체적 배움이 중요하다"고 하면서도 '지식=사실의 단편'이라는 과거의 지식관(인식론)으로부터 탈피하지 못하고 있다. 그래서 마치 지식이 나쁜 것이라도 되는 듯 '지식 편중'이라는 표현이 사용되는 것이다. 분명 단편적인 '사실'(인지과학적으로 본다면 그것은 정확하게는 '지식'이라고 말할 수 없다)을 아무리 덧바르고, '지식의 단편의 도네르 케밥'을 확장시켜도 새로운 지식은 창조되지 않는다.

　내 입장에서는 아이들이 어떻게 지식을 창조해가는지에 대해 알고 싶어서 어휘 습득을 중심으로 연구를 계속하고 있다. 지식은 단편적인 사실을 긁어모은 것이 아니라 하나의 시스템이다. 아이들은 어휘라는 거대한 지식 시스템을, 그 구조를 발견하면서 스스로의 힘으로 창출해낸다. 지식은 항상 역동적으로 변하고, 살아 있는 생명체처럼 성장하며, 지금 가지고 있는 지식이 새로운 지식을 창조해간다. 모국어를 습득할 때 누구나 이런 '살아 있는 지식의 배움'을 하고 있다. 이러한 지식 구축·창조의 모습이야말로 '주체적 배움'이 가진 진정한 모습일 것이다.

나를 포함하여 많은 인지과학 연구자들이 여태까지의 시도를 통해 분명히 해온 것—'새로운 지식을 낳는 살아 있는 지식'이 어떤 형태로 마음에 존재하고 있으며 어떻게 습득될까—을 독자 여러분과 공유하고 싶다는 생각에 이 책을 집필했다. 이 책이 독자 여러분에게 새로운 지식관을 가져다주고 "좋은 배움이란 무엇일까"를 고민하게 만드는 계기가 되어준다면 매우 기쁘게 생각할 것이다.

이 책은 이전에 썼던 『신·사람이 배운다는 것 —인지학습론적 시점新 人が学ぶということ —認知学習論からの視点』과 『언어 발달의 수수께끼를 풀다ことばの発達の謎を解く』 등의 저서에서 소개했던 연구 성과의 대부분을 바탕으로 하고 있다. 집필에 착수했을

때는 자료가 있기 때문에 금방 쓸 수 있을 거라고 생각했다. 하지만 실제로 써 내려가기 시작하자 그때까지 생각해본 적 없었던 현상끼리 서로 이어져 있는 것이 보이기 시작하면서 사고가 흔들리고 때로는 너무 확산해버려서 글의 진척이 느려졌다. 내 입장에서 이 책의 집필 과정은 이미 가지고 있던 '지식의 여러 요소들'을, 자신의 연구에서의 새로운 발견이나 인지과학 분야에서 계속해서 발표되는 연구 성과와의 정합성을 확보하기 위해 다시금 해석하고 자신이 가지고 있는 지식 시스템 안의 여러 요소를 재차 조합해서 생각을 새롭게 포착해가는 과정, 바꿔 말하자면 자신 안에 있는 지식의 시스템을 재편성해가는 과정이었다. 결국 집필을 시작한 후 5년 이상 걸려버렸지만 그동안 끈기 있게 기다리고 교정에 교정을 거듭하며 외면하지 않고 끝까지 격려해주면서 마지막에 원고를 정성껏 정리해주셨던 이와나미신서 편집부의 나가누마 고이치永沼浩— 씨에게 감사 인사를 드리고 싶다.

집필을 하면서 여러 분야의 많은 분들에게 영감을 얻었다. 이득을 위해서가 아니라 자신의 기술을, 혹은 일을 '잘' 해나가기 위해 제각각의 분야에서, 직장에서, 오로지 한결 같은 마음으로 매진하고 있는 사람들. 평소 생활 속에서 어른들이 미처 눈치 채지 못하고 있는 동안 주체적 학습을 이어나가고 있는 유아들. 그들의 모습에 계속 고무되면서 나도 때로는(라기 보다는 거의 대부분의 경우) 내 생각대로의 결과를 낳지 않는 실험을 반복하고 있다.

'1억 총활약 사회'라는 것이 최근 정부의 캐치프레이즈가 되고 있는 듯하다. 립서비스가 아니라 진정으로 그 실현을 고민한다면 정부·행정에서 아이들 한 사람 한 사람이 보람을 발견하고 탐구심을 가지며 평생 배워갈 수 있도록, 그런 교육을 실현할 수 있는 환경을 만들기 바란다. 물론 그러기 위해서는 학교 교육에 좀 더 예산을 편성할 필요가 있을 것이다. 하지만 그것만으로는 충분치 않다. 우리들 시민 한 사람 한 사람이 정부나 학교에 교육의 목표나 방침을 떠넘기지 않고 자신의 일이라 생각하며 진지하게 고민해야 한다. 그러지 않으면 탐구 마인드를 가진 아이들은 길러낼 수 없다. 우선 사회 전체가 도네르 케밥 모델의 지식관으로부터 탈피할 필요가 있다.

마지막으로 게이오기주쿠慶應義塾대학 쇼난 후지사와湘南藤沢 캠퍼스의 이마이 연구실 멤버들, 나의 수업을 이수하며 이 문제를 함께 고민해준 학생들이나 연구를 함께 해온 동료들에게 진심으로 감사의 마음을 전하고 싶다. 게이오기주쿠대학의 우메다 사토시梅田聡 씨, 메이지明治대학 시마다 소타로嶋田総太郎 씨, 이화학연구소의 기타조 게이이치北城圭— 씨는 제5장의 내용

274

에 대한 소중한 코멘트를 주셨다(내용에 오류가 있다면 모두 필자의 책임이다). 도쿄커뮤니티스쿨의 이치카와 지카라市川力 씨와는 배움에 대해 깊이 있는 토론을 함께 하고 있으며 그 내용은 이 책에 농밀하게 반영되고 있다. 또한 숙달자의 인지나 달인이 되기 위한 필요조건에 대해 여러 가지 배움을 주셨던 하부 요시하루 씨에게 전문을 받는다는, 생각지도 못했던 행운을 얻었다. 인지과학에 대한 하부 씨의 관심과 이해에 다시금 감사의 말씀을 올리고 싶다.

2016년 3월

이마이 무쓰미

지금 알고 있는 것을 그때도 알았더라면. 류시화 씨가 아니더라도 살다 보면 누구나 이런 생각이 밀려드는 순간을 경험할 것이다. 이 책을 번역하며 나 또한 그러했다. 배우고 가르치는 일이 일상이자 인생이 되어버린 지금, 배움이란 무엇인지에 대해 근본적인 질문을 던지는 이 책의 내용을 먼저 알았더라면 어땠을까. 이 책의 내용대로 나 자신이 배우고, 자식을 가르치고, 제자 교육에 임했더라면 어땠을까. 지금 알고 있는 것을 그때도 알았더라면.

때문에 번역 작업은 지적인 호기심을 충족시켜주는 흥미로운 영위이자, 안타까운 순간들의 연속이었다. 교육에 관심이 있으신 분이라면 꼭 한번 읽어보시라고 권유해드리고 싶다. 외국어학습에 관심이 많으신 분에게도 도움이 될 수 있는 책이다. 실제로 외국어가 전공인 나로서는 과거의 기억을 떠올리며 납득이 가는 순간이 적지 않았다.

가르치고 있는 학생들에게 일본어 실력이 좀처럼 늘지 않는다는 상담을 종종 받곤 한다. 과거의 경험을 돌이켜보면 기나긴 학습 기간 중 그런 답답한 순간이 나에게도 있었던 것 같다. 하지만 외국어 실력은 어느 순간 폭발적으로 향상된다. 그 입구로 들어서는 문이 분명 있었던 것 같다. 동물적인 감각으로 그 사실을 인지했지만, 여태까지는 그것에 대해 학생들에게 체계적으로 설명할 수 없었다. 어떤 식으로 접근해야 폭풍 같은 배움으로 바뀔 수 있는 터널을 통과하는지, 이 책에서 말하는 것처럼 '새로운 지식을 낳는 살아 있는 배움'이 가능한지, 이제 조금은 알 것 같다는 생각도 든다.

배우고 가르치는 일은 교육의 현장에 있는 사람들에게만 필요한 일은 아닐 것이다. 우리들은 평생 동안 뭔가를 배우며 살아간다. 누구에게나 배우는 일은 일상이자 인생이 된 것이다. 잘 배우는 것이 중요하기 때문에 배우는 방식에 대한 배움 역시 필요할 것이다. 이 책은 그에 대한 고민에 답해줄 것이다.

2017년 4월
옮긴이 김수희

참고문헌

〈제1장〉

Inoue, S. & Matsuzawa, T. (2007). Working memory of numerals in chimpanzees. *Current Biology*, 17, R1004-R1005.

알렉산드르 로바노비치 루리아Alexander R. Luria(2010).『위대한 기억력 이야기 ―어떤 기억술사의 정신 생활偉大な記憶力の物語 ―ある記憶術者の精神生活』아마노 기요시天野清 역, 이와나미현대문고岩波現代文庫.

이토 다케시伊藤毅志·마쓰바라 히토시松原仁·라이엘 그림버겐Grimbergen, R. (2001). 공간적인 청킹 인지 과정에서 인과적 청킹 인지 과정으로空間的チャンクから因果的チャンクへ. GPW'01 게임프로그래밍워크숍.

Nickerson, R. S. & Adams, M. J. (1979). Long-Term memory for a common object. *Congnitive Psychology*, 11, 287-307.

Miller, G. A. (1956). The magical number seven, plus or minus two: Some limits on our capacity for processing information. *Psychological Review*, 63, 81-97.

Cook, P. & Wilson, M. (2010). Do young chimpanzees have extraordinary working memory? *Psychonomic Bulletin & Review*, 17, 599-600.

Bransford, J. D. & Johnson, M. K. (1972). Contextual Prerequisites for Understanding: Some Investigations of Comprehension and Recall. *Journal of Verbal Learning and Verbal Behavior*, 11, 717-726

Brewer, W. F. & Tryens, J. C. (1981). Role of schemata in memory for places. *Cognitive Psychology*, 13, 207-230.

Carmicael, L., Hogan, H. P. & Walter, A. A. (1932). An experimental study of the effect of language on the production of visually perceived form. *Journal of Experimental Psychology*, 15, 73-86.

엘리자베스 로프터스Elizabeth F. Loftus(1987).『목격자의 증언目撃者の証言』니시모토 다케히코西本武彦 역, 세이신쇼보誠信書房. (원저)Loftus, E. (1979). *Eyewitness Testimony*. Harvard University Press.

〈제2장〉

Jusczyk, P. W. (1997). *The discovery of spoken language*. MIT Press.

Werker, J. F. & Tees, R. C. (1984). Cross-Language speech perception. Evidence for perceptual reorganization during the first year of life. *Infant Behavior and Development*, 7, 49-63.

이마이 무쓰미今井むつみ(2013).『언어 발달의 수수께끼를 풀다ことばの発達の謎を解く』치쿠마프리머신서ちくまプリマー新書.

Imai, M. & Haryu, E. (2001). Learning proper nouns and common nouns without clues from syntax. *Child Development*, 72, 787-803.

Haryu, E. & Imai, M. (2002). Reorganizing the lexicon by learning a new word: Japanese children's interpretation of the meaning of a new word for a familiar artifact. *Child Development*, 73, 1378-1391.

Saji, N., Asano, M., Oishi, M. & Imai, M. (2015). How do children construct the color lexicon?: Restructuring the domain as a connected system. In Noelle, D. C., Dale, R, Warlaumont, A. S., Yoshimi, J., Matlock, T., Jennings, C. D. & Maglio, P. P. (Eds.). *Proceedings of the 37th Annual Meeting of the Cognitive science society* (pp. 2080-

2085). Cognitive Science Society.

Saji, N., Imai, M., Saalbach, H., Zhang, Y., Shu, H. & Okada, H. (2011). Word learning does not end at fast-mapping: Evolution of verb meanings through reorganization of an entire semantic domain. *Cognition,* 118, 45-61.

Wynn, K. (1992). Children's Acquisition of the Number Words and the Counting System. *Cognitive Psychology,* 24, 220-251.

이마이 무쓰미今井むつみ·사지 노부로佐治伸郎 편저(2014).『언어와 신체성言語と身体性』(안자이 유이치로安西祐一郎·이마이 무쓰미今井むつみ·이리키 아쓰시入來篤史·우메다 사토시梅田聡·가타야마 요이치片山容一·가메다 다쓰야亀田達也·히라키 가즈오開一夫·야마기시 도시오山岸俊男 편집위원「이와나미 강좌 커뮤니케이션의 인지과학岩波講座 コミュニケーションの認知科学」제1권)

Wierzbicka, A. (2015). Innate conceptual primitives manifested in the languages of the world an in infant cognition. In E. Margolis & S. Laurence (Eds.). *The Conceptual Mind. New directions in the study of concepts.* MIT Press.

〈제3장〉

Spelke, E. S. (1990). Principles of object perception. *Cognitive Science,* 14, 29-56.

Wynn, K. (1992). Addition and subtraction by human infants. *Nature,* 358, 749-750.

Carey, S. (2009). *Origin of Concepts.* Oxford University Press.

Smith, C., Carey, S. & Wiser, M. (1985). On differentiation: A case study of the development of the concepts of size, weight and density. *Cognition*, 21, 177-237.

Samarapungavan, A., Vosniadou, S. & Brewer, W. F. (1996). Mental models of the earth, sun and moon: Indian children's cosmologies. *Cognitive Development*, 11, 491-521

MacCloskey, M. (1983) Naive theories of motion. In D. Gentner & A. L. Stevens (Eds.). *Mental Models*. Lawarence Erlbaum.

Clement, J. (1982). Students' preconceptions in introductory mechanics. *American Journal of Physics*, 50, 66-71

Galiei, G. (1590). *De Motu*. In I. E. Drabkin & S. Drake (tr. & Eds.). Galielo Galilei: "On Motion" and "On Mechanics". University of Wisconsin Press, 1960.

Nersessian, N. J. (1992). How do scientists think? Capturing the dynamics of conceptual change in science. In R. N. Giere (Ed.). *Cognitive models of Science*, Volume XV, University of Minnesota Press, Studies in the Philosophy of Science.

Nersessian, N. J. (2008). *Creating scientific concepts*. MIT Press.

이마이 무쓰미今井むつみ(1993) 외국어학습자의 어휘학습의 문제점─언어의 의미표상 견지에서外国語学習者の語彙学習における問題点―言語の意味表象の見地から. 교육심리학 연구, 41(3), pp.243-253.

이마이 무쓰미今井むつみ(2010).『말과 사고ことばと思考』이와나미신서岩波新書.

이마이 무쓰미今井むつみ·사지 노부로佐治伸郎(2010). 외국어학습 연구에 대한 인지심리학의 공헌─단어의 뜻과 어휘 학습의 본질에 관해外国語学習研究への認知心理学の貢献―語意と語彙の学習の本質をめぐって(이치카와 신이

치市川伸― 편『현대 인지심리학 5 발달과 학습現代の認知心理学 5 発達と学習』기타오지쇼보北大路書房).

이마이 무쓰미今井むつみ(2014). 조기영어교육 도입 전에 생각해야 할 것早期英語教育導入の前に考えなければならないこと(고야스 마스오子安増生·나카 마키코仲真紀子 편『마음이 자라는 환경을 만든다 ―발달심리학의 제언こころが育つ環境をつくる ―発達心理学からの提言』신요샤新曜社).

엘렌 비알리스토크, 하쿠라 겐지(2000).『외국어는 왜 좀처럼 익힐 수 없는가 ―제2언어 학습의 수수께끼를 풀다外国語はなぜなかなか身につかないか ―第二言語学習の謎を解く』시게노 스미重野純 역, 신요샤新曜社. (원저)Bialystok, E. & Hakura, K. (1994). *In other word: The science and psychology of second-language acquisition.* Harper Collins Publishers.

Wason, P. C. & Shapiro, D. (1971). Natural and contrived experience in a reasoning task. *The Quarterly Journal of Experimental Psychology,* 23, 63-71

Chi, M. T. H. (1992). Conceptual change within and across ontological categories: Examples from learning and discovery in science. In R. N. Giere & H. Feigl (Eds.). *Minnesota studies in the philosophy of science* (pp. 129-186). University of Minnesota press.

〈제4장〉

Van Lehn, K. & van de Sande, B. (2009). Acquiring conceptual expertise from modeling: The case of elementary physics. In K. A. Ericsson (Ed.). *Development of professional expertise.* Cambridge University Press.

Simon, D. P. & Simon, H. A. (1978). Individual differences in solving physics problem. In R. S. Siegler (Ed.). *Children's thinking: What develops?* Lawrence Erlbaum Associates.

Ericsson, K. A. & Lehmann, A. C. (1996). Expert and exceptional performance: Evidence on maximal adaptations on task constraints. *Annual Review of Psychology*, 47, 273-305.

이마이 무쓰미今井むつみ·하류 에쓰코針生悦子(2014).『말을 배우는 구조 ―모국어에서 외국어까지言葉をおぼえるしくみ ―母語から外国語まで』치쿠마가쿠게이분코ちくま学芸文庫.

메리앤 울프(2008).『프루스트와 오징어 ―독서는 뇌를 어떻게 바꿀까?プルーストとイカ ―読書は脳をどのように変えるのか?』고마쓰 준코小松淳子 역, 인터시프트インターシフト. (원저)Wof, M(2007). *Proust and the squid: the story and science of the reading brain.* Anne Edelstein Literary Agency.

Hodges, N., Starkes, J. L. & MacMahon, C. (2011). Expert Performance in Sport: A Cognitive Perspective. In K. A. Ericsoson, Charness, N., Feltovich, P. J. & Hoffman, R. R. (Eds.). *The Cambridge Handbook of Experience and Expert Performance.* Cambridge University Press.

Gobet, F. & Charness, F. (2011). Expertise in Chess. In K. A. Ericsoson, Charness, N., Feltovich, P. J. & Hoffman, R. R.(Eds.). *The Cambridge Handbook of Expertise and Expert Performance.* Cambridge University Press.

하부 요시하루羽生善治(2011).『대국관 ―자신과 싸워 지지 않는 마음大局観 ―自分と闘って負けない心』가도카와 one테마 21角川oneテーマ21.

Allard, F., Graham, S. & Paarsalu, M. E. (1980). Perception in sport: basketball. *Journal of Sport Psychology*, 2, 14-21.

Allard, F. & Starkes, J. L. (1991). Motor-skill experts in sports, dance and other domains. In K. A. Ericsson & J. Smith (Eds.). *Toward a general theory of expertise: Prospects and limits* (pp. 126-152). Cambridge University Press.

나카노 고지中野孝次(1992).『혼아미 행장기本阿弥行状記』가와데쇼보신샤河出書房新社.

〈제5장〉

Hill, N. M. & Schneider, W. (2011). Brain changes in the development of expertise: Neuroanatomical and neurophysiological evidence about skill-based adaptations. In K. A. Ericsoson, Charness, N., Feltovich, P. J. & Hoffman, R. R. (Eds.). *The Cambrisge Handbook of Expertise and Expert Performance*. Cambridge University Press.

Blakemore, S. & Frith, U. (2005). *The learning brain*. Brackwell Publishing. Kuhl, P. K., Conboy, B. T., Padden, D.., Nelson, T. & Pruitt, J. (2005). Early speech perception and later language development: Implications for the "critical period." *Language Learning and Development*, 1(3&4), 237-264.

Schneider, P. et al. (2002). Morphology of Heschl's gyrus reflects enhanced activation in the auditory cortex of musicians. *Nature Neuroscience*, 5, 688-694.

Gaser, C. & Shilaug, G. (2003). Gray matter differences between musicians and nonmusicians. *Annuals of New York Academy of Sci-*

ence, 999, 514-517.

Erbert, T. C., Tantev, C., Weinbruch, C., Rockstorh, B. & Taub, E. (1995). Incrased cortical representation of the fingers of the left hand in string players. *Science*, 270, 305-306.

Schneider, W. & Chein, J. M. (2003). Controlled & automatic processing: Behavior, theory, and biological mechanisms. *Cognitive Science*, 27, 525-559.

Rizzolatti, G. & Craighero, L. (2004). The mirror-neuron system. *Annual Review of Neuroscience*, 27, 169-192

Kliner, J. E. (2011). More than one pathway to action understanding. *Trends in Cognitive Sciences*, August 2011, Vol. 15, No. 8, 352-357

Calvo-Merino, B., Glaser, D. E., Gr'ezes, J., Passingham, R. E. & Haggard, P. (2005). Action observation and acquired motor skills: An fMIRI study with expert dancers. *Cerbral Cortex*, 15, 1243-1249.

Wan, X., Nakatani, H., Ueno, K., Asamizuya, T., Chineg, K. & Tanaka, K. (2011). The nueral basis of intuitive best next-move generation in board game experts. *Science*, 331, 341-346.

Nakatani, H. & Yamaguchi, Y. (2014). Quick concurrent responses to global and local cognitive information underlie intuitive understanding in board-game experts. *Scientific Reports*, 4:5894, doi: 10.1038/srep05894

〈제6장〉

시마 아키라島朗(2013).『시마연구회 노트 —마음 단련법島研ノート 心の鍛え方』고단샤講談社.

스키모토 에쓰코杉本鉞子(1994).『무사의 딸武士の娘』오이와 미요大岩美代 역, 치쿠마문고ちくま文庫.

Kuhn, D. (2008). *Education for Thinking*. Harvard University Press.

Kuhn, D., Cheney, R. & Wienstock, M. (2002). The development of epistemological understanding. *Cognitive Development*, 15, 309-328.

구스미 다카시楠見孝·미치타 야스시道田泰司 편(2015).『워드맵 비판적 사고 —21세기를 살아남을 리터러시(literacy)의 기반ワードマップ 批判的思考 —21世紀を生きぬくリテラシーの基盤』신요샤新曜社.

〈제7장〉

Ericsson, K. A., Krampe, R. T. & Tesch-Römer, C. (1993). The role of deliberate practice in the acquisition of expert performance. *Psychological Review*, 100, 363-406.

Ericsson, K. A. & Lehmann, A. C. (1996). Expert and exceptional performance: Evidence on maximal adaptations on task constraints. *Annual Review of Psychology*, 47, 273-305.

Hutchinson, C. U., Sachs-Ericssona, N. J. & Ericsson, K. A. (2013). Generalizable aspects of the development of expertise in ballet across countries and cultures: a perspective from the expert performance approach. *High Ability Studios*, 24, 21-47.

Ericsson, K. A. (2014). Why expert performance is special and cannot be extrapolated from studies of performance in the general population: A response to criticisms. *Intelligence*, 45, 81-103.

Cole, J. R. & Cole, S. (1973). *Social stratification in science.* University of Chicago Press.

Grabner, R. H., Stern, E. & Neubauer, A. C. (2007). Individual differences in chess expertise; A psychometric investigation. *Acta Psychologica*, 124, 398-420.

Hamilton, W. G., Hamilton, L. H., Marshall, P. & Molnar, M. (1992). A profile of the musculoskeletal characteristics of elite professional ballet dancers. *American Journal of Sports Medicine*, 20, 267-273.

메리앤 울프(2008).『프루스트와 오징어 ―독서는 뇌를 어떻게 바꿀까?プルーストとイカ ―読書は脳をどのように変えるのか?』고마쓰 준코小松淳子 역, 인터시프트インターシフト. (원저)*Wof, M*(2007). *Proust and the squid: the story and science of the reading brain.* Anne Edelstein Literary Agency.

Winner, E. (1996). The rage to master: the decisive role of talent in the visual arts. In K. A. Ericsson (Ed.). *The road to excellence: The acquisition of expert performance in the arts and science, sports and games* (pp. 271-301). Erlbaum.

Nersessian, N. J. (2008). *Creating scientific concepts.* MIT Press.

아오키 미치루青木満(2009).『그래도 지구는 돌고 있다 ―근대 이전의 천문학사それでも地球は回っている ―近代以前の天文学史』벨슛판ベレ出版.

〈최종장〉

Imai M., Saalbach, H. & Stern, E. (2010). Are Chinese and German children taxonomic, thematic or shape biased?: Influence of classifiers and cultural contexts. *Frontiers in Psychology*. 2010; 1: 194. doi: 10.3389/fpsyg.2010.00194.

이치카와 지카라市川力(2009).『탐구하는 힘 —모든 초등학생과 선생님들을 위해探求する力 —すべての小学生と先生のために』치노탄큐샤知の探究社.

레프 비고츠키(2001).『사고와 언어(신역판)思考と言語(新訳版)』시바타 요시마쓰柴田義松 역, 신도쿠쇼샤新読書社. (원저)Vygotsky, L.,(1962). *Thought and language*. MIT Press.

Vygotsku, L. (1978). Mind in Society: The development of higher psychological processes. M. Cole, V. John-Steiner, S. Scribner & E. Souberman (Eds.). Harvard University Press.

장 피아제(1967).『놀이의 심리학遊びの心理学』오토모 시게루大伴茂 역, 레이메쇼보黎明書房. In *Play, Dreams and Imitation in Childhood*. Norton, 1962. [*La formation du symbole chez l'enfant; imitation, jeu et reve, image et representation*(1945)]

캐시 허시 파섹, 로버타 골린코프, 다이안 아이어(2006).『아이들의 '놀이'는 마법의 수업子どもの「遊び」は魔法の授業』스가 야스히코菅靖彦 역, 애스팩トアスペクト. (원저)Hirsh-Pasek, Golinkoff & Eyer(2003). *Einstein never used Flash Cards*. Rodale Books.

Weisberg, D. S., Kittredge, A. K., Hirsh-Pasek, K., Golinkoff, R. M. & Klahr, D. (2015). Guided play: Making play work for education. *Phi Beta Kappan*, 96(8), 8-13.

Nicolopoulou, A. (1993). Play, cognitive development and the social world: Piaget, Vygotsky, and beyond. *Human Development, 36*, 1-23.

Bradley, R. (1986). Play materials and intellectual development. In A. Gottfried & C. C. Brown (Eds.). *Play Interactions: The contribution of play material and parental involvement to children's development.* Lexington Books.

Pepler, D. J. & Ross, H. S. (1981). The effects of play on convergent and divergent problems-solving. *Child Development, 52*, 1202-1210.

Charness, N., Krampe, R. & Mayr, U. (1996). The role of practice and coaching in entrepreneurial skill domains: an international comparison of life-span chess skill acquisition. In K. A. Ericsson(Ed.). *The road to excellence: The acquisition of expert performance in the Arts and Sciences, Sports and Games* (pp.51-80). Erlbaum.

그 외, 배움에 관해 추천해드리는 인지과학 관련서

우치무라 나오유키内村直之·우에다 가즈히로植田一博·이마이 무쓰미今井むつみ·가와이 노부유키川合伸幸·시마다 소타로嶋田総太郎·하시다 고이치橋田浩一(2016).『처음 접하는 인지과학はじめての認知科学』신요사新曜社(일본인지과학회감수「시리즈 인지과학을 권장하다シリーズ認知科学のススメ」제2권).

핫토리 마사시服部雅史·고지마 하루유키小島治幸·기타가미 신지北神慎司(2015).『기초부터 배우는 인지심리학 ―인간 인식의 불가사의基礎から学ぶ認知心理学 ―人間の認識の不思議』유이히카쿠有斐閣.

이마이 무쓰미今井むつみ·노지마 히사오野島久雄·오카다 히로유키岡田浩之(2012). 『신 사람이 배운다는 것 ―인지학습론적 시점新 人が学ぶということ ―認知学習論からの視点』 호쿠주슛판北樹出版.

이나가키 가요코稲垣佳世子·하타노 기요오波多野誼余夫(1989). 『사람은 어떻게 배울까 ―일상적 인지의 세계人はいかに学ぶか ―日常的認知の世界』 주코신서中公新書.

안자이 유이치로安西祐一郎(1985). 『문제 해결의 심리학 ―인간의 시대로의 발상問題解決の心理学 ―人間の時代への発想』 주코신서中公新書.

안자이 유이치로安西祐一郎(2011). 『마음과 뇌 ―인지과학입문心と脳 ―認知科学入門』 이와나미신서岩波新書.

스즈키 히로아키鈴木宏昭(2016). 『교양으로서의 인지과학教養としての認知科学』 도쿄다이가쿠슛판카이東京大学出版会.

배움이란 무엇인가
―「탐구인」이 되기 위해서―

개정판 1쇄 인쇄 2025년 4월 25일
개정판 1쇄 발행 2025년 4월 30일

저자 : 이마이 무쓰미
번역 : 김수희

펴낸이 : 이동섭
편집 : 이민규
디자인 : 조세연
기획 · 편집 : 송정환, 박소진
영업 · 마케팅 : 조정훈, 김려홍
e-BOOK : 홍인표, 최정수, 김은혜, 정희철, 김유빈
라이츠 : 서찬웅, 서유림
관리 : 이윤미

㈜에이케이커뮤니케이션즈
등록 1996년 7월 9일(제302-1996-00026호)
주소 : 08513 서울특별시 금천구 디지털로 178, B동 1805호
TEL : 02-702-7963~5 FAX : 0303-3440-2024
http://www.amusementkorea.co.kr

ISBN 979-11-274-8828-4 04190
ISBN 979-11-7024-600-8 04080

MANABI TOWA NANIKA
by Mutsumi Imai
Copyright © 2016 by Mutsumi Imai
Originally published in 2016 by Iwanami Shoten, Publishers, Tokyo.
This Korean print edition published in 2025
by AK Communications, Inc., Seoul
by arrangement with Iwanami Shoten, Publishers, Tokyo